JN410021

좋다 말았네

이제홍 수필집

교음사

| 첫 수필집을 내면서 |

글을 쓰고 싶었다. 책도 내고 싶었다. 세 권의 책을 내고 싶다는 막연한 목표도 세웠다. 문제는 제대로 된 글을 써본 적이 없다는 사실이었다. 걸음마도 못하는 애송이가 뛰어보겠다고 하는 격이라고 할까?

평생교육원에 등록하고 생애 처음으로 「맹지」라는 제목으로 수필을 발표했다. 어설픈 글이었지만 글쓰기를 지도하는 오경자 교수는 칭찬을 아끼지 않았다. 칭찬은 고래도 춤추게 한다더니 이에 용기를 얻어 「그래도 내가 더 나」라는 글로 월간 『수필문학』을 통해 등단까지 하게 됐다. 제대로 된 글 한 편을 못 쓰던 사람이 글쟁이가 된 것이다.

등단하고, 적지 않은 글도 썼지만 책으로 내는 것은 다른 문제였다. 앞서 발표한 장편소설 세 권을 낼 때와는 다른 부담이 느껴졌다. '자기 성찰의 글'이라는 수필에 투영된 내 모습을 있는 그대로 보여줄 용기가 없었던 탓이리라. 삶을 진솔하게 살지 않았다는 방증일지도 모르겠다.

오랜 망설임 끝에 첫 번째 수필집을 발간하기로 했다. 나름대로 선별한 글들이지만 여전히 미흡하다는 생각을 버릴 수가 없다. 그저 첫 번째 수필을 쓰고 난 뒤 용기를 얻었듯이 첫 번째 수필집에서도 그런 결과가 있기를 바랄 뿐이다.

『좋다 말았네』 수필집을 사랑하는 아내 김남이에게 바친다.

2020년 겨울의 초입에 저자 **이제홍**

이제홍 수필집

좋다 말았네

▸ **첫 수필집을 내면서**

▸ 차 례

1. 이런 생각 저런 생각

우여 … 16

간절한 소망 … 21

기가 막힌 곳 … 26

'좋아요'도 못 눌러 주냐? … 30

변신 끝? 아니면 변화의 시작? … 34

맹지(盲地) … 39

세월 탓이려니 … 44

무슨 죄가 있다고 … 48

그래도 내가 더 나 … 53

쉬었다 가기 … 58

소박맞았습니다 … 63

조바심 … 68

2. 다시 신입사원

음 · 미 · 체에서 다시 국 · 영 · 수로 … 74

새로 출근하는 분이시죠? … 77
우직하기는 … 80
저절로 멈추는 펜 … 84
좋다 말았네! … 88
있다 없으니까 … 91
Fade out … 94
마지막 인연이길 … 98

3. 나의 사랑, 나의 가족

아~그래? 그렇구나! … 104
이상한 세계의 아인슈타인 … 109
주인 없는 방 … 114
흔적 … 119
하마터면 … 124
아직 절반도 안 지났네 … 128
주인 없는 간판 … 132

4. 길에서 만난 삶

산 자와 죽은 자 … 136
슬픈 해녀콩 … 140
운현궁의 봄 … 142
바우길의 여인들 … 146
금강은 알고 있을까? … 150
다리 밑에서 주워 왔어 … 157
가을을 보내는 하늘의 눈물 … 161
소원성취 … 166

5. 사람의 향기

우연히 보게 된 투르 드 프랑스 … 172
후에(Hue)의 눈물 … 176
슬픔을 간직한 도시, 에든버러 … 180

한 수 위? … 183
어쩌라고 … 187
아는 만큼 보인다 … 192
전화위복(轉禍爲福) … 197
홀로코스트, 인간을 돌아보게 하는 곳 … 201
피안의 세계로 … 204
무지해서 몸이 고생했다 … 208
베르사유의 장미 … 213
거짓 그리고 의심 … 217

• 이제홍의 수필세계 / 오경자 … 221

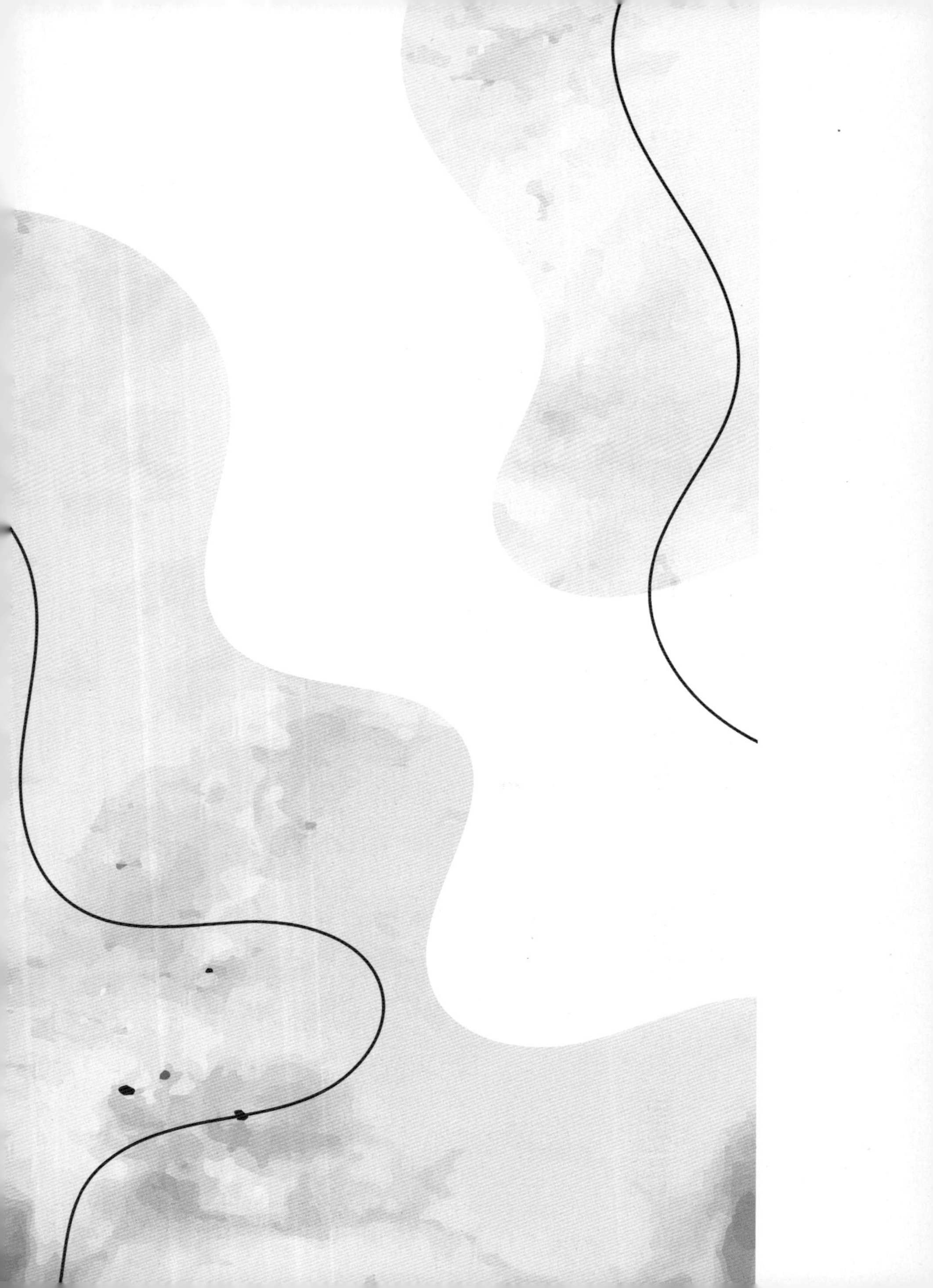

1

이런 생각 저런 이야기

우여

「한국인의 밥상」이라는 TV프로가 있다. 탤런트 최불암 씨가 그 특유의 음색으로 구수하게 진행을 해서 입맛을 더욱 다시게 하는 그런 프로그램이다. 행주산성 인근의 어느 논에서 모판을 내는 날, 요즘은 보기 힘들어진 새참을 지어 나르는 장면이 나온다. 예전에야 흔하게 보던 모습이지만 배달음식에 그 자리를 빼앗긴 지 오래된 새참. 그 새참을 준비하는 아낙들의 모습도 정겹게 보인다.

행주지역 민가에서는 예전부터 기름기 가득한 웅어를 잘게 썰어 웅어회 비빔밥을 만들어 막걸리와 함께 새참 음식으로 먹으며 기운을 돋우었다고 한다. 행주 나루의 명물 웅어는 매년 봄에 바다에서 강으로 거슬러 올라와 갈대밭에서 살았다고 하여 위어(葦魚)라고도 불렸다. 맛이 고소해서 조선 시대에는 위어소를 두고 봄철이면 항상 임금님께 진상했던 귀한 물고기 '웅어'가 한강에 수중보를 설치한 이후 씨가 말랐다고 한다.

옥담 이응희(1579~1651)도 웅어가 얼마나 맛있는 생선인지 가늠케 하는 노래를 읊었다.

가는 꼬리는 은장도를 뽑은 듯하고
긴 허리는 옥척처럼 번득인다.
칼로 저며 흰서리 같은 회로 만들어도 좋고
석쇠에 놓고 구워도 좋다.

– 「옥담사집」

금강 하굿둑이 생기기 전에는 금강에도 웅어가 지천이었다. 웅어 초무침, 웅어 젓갈 등이 이 지역 명물로 자리할 만큼 웅어의 인기는 대단했었다. 하지만 금강 하굿둑이 생기고 나서는 잡히는 웅어가 절반 이하로 줄어들어 아쉬워하는 목소리가 높아만 간다. 이 웅어를 부여에서는 우여라고 부른다.

백제의 마지막 임금인 의자왕은 평소 웅어를 보양식품으로 먹었다고 한다. 나당 연합군이 백제를 공격할 당시 당나라 장수 소정방이 이 말을 듣고 어부들에게 이 물고기를 잡아 오라고 명하였는데 그 많던 백마강 웅어가 모조리 강바닥으로 자취를 감춰 한 마리도 잡을 수 없었다고 한다.

백제가 멸망하고 의자왕을 위시하여 귀족과 백성 1만 3,000여 명이 포로가 되어 당나라로 압송되어 갈 때 백마강 하류에 있는 유왕산(留王山)에 백제의 백성들이 발 디딜 틈도 없을 만큼 모여들었다. 그들은 잡혀가는 의자왕에게 눈물로 안녕을 고하며 배가 보이지 않을 때까지 통곡하였다고 하는데 이때 웅어들도 의자왕이 탄 배의 뱃전에 스스로 몸을 부딪쳐 죽었다고 한다. 이때부터 웅어에게 '의리를 아는 물고기'라는 의미로 '의어(義魚)'라는 이름을 붙여 주었는데 의어라는 말이 세월이 지나면서 우여가 되었다고 한다.

의자왕은 660년 음력 8월 17일에 당으로 끌려갔다. 이때부터 매년 이날에는 백제 사람들이 유왕산 마루턱에 모여 눈물을 흘리며 의자왕과 끌려간 가족들을 추모했다고 한다. 여기에서 유왕산 놀이가 유래되었다. 추모 행사가 끝나면 "이별 별(別)자네 서러 마소 만날 봉(逢)자 또다시 있네. 명년 8월 17일에 악수 논정(握手論情) 다시 하세"라는 노래를 부르며 헤어졌다.

태자 시절 의자왕은 효로써 부모를 섬기고 형제와 우애하다고 하여 '해동증자'라 불리었다. 왕위에 올라서는 용감하고 대담하며 결단력이 있는 정복군주로 위용을 떨쳤다. 그래서 의자왕에 대해 '과단성 있고, 침착하고 사려 깊어서 그 명성이 홀로 높았다.'라는 기록이 전해 오고 있다. 그런 의자왕이 마지막 5년 동안에는 삼천 궁녀를 거느리고, 주지육림에 빠져 황음을 일삼으며 은고의 치마폭에서 놀아나다가 나라를 잃은 왕으로 묘사되고 있다. 과연 정사를 어지럽히다 나라를 잃은 왕에게 그토록 많은 백성이 충의를 보였을까? 더군다나 물고기조차 왕에게 충성을 보였다고? 사비수를 지키는 용이나 황산벌에서 장엄하게 옥쇄한 오천 결사가 방탕한 왕을 지키려고 목숨을 던졌을까?

백성들이나 계백의 오천 결사, 그리고 우여는 '해동증자' 의자왕을 지키려고 목숨을 던졌을 게다. 백제가 멸망한 것은 한 나라를 무너뜨릴 만큼 지략과 용맹이 뛰어난 김유신 장군 때문이라고 봐야겠지. 역사는 승자의 기록이라고 하니 약간의 각색도 더해졌을 것이고….

매년 봄이면 "우여 매운탕 한 그릇 같이하게 고향 한번 다녀가~" 하는 친구의 전화를 받곤 했다. 군 복무할 때를 제외하고 단 한 번도 고향을 떠난 적이 없는 이 친구는 묵묵히 동네 어귀를 지키는 수백 년 된 정자나무처럼 한결같이 그 자리에 있었다. 의리와 정의감으로 똘똘 뭉쳐 친구 목소리라면 자다가도 뛰어나오고, 친구의 일이라면 만사를 제쳐 두고 팔 걷고 나서던 그런 친구였다. 그 친구가 "우여는 부여 것이 진짜배기여~" 하며 봄에 꼭 다녀가라고 성화를 대곤 했다. 그래서 친구들이 고향을 찾아가면 있는 돈, 없는 돈 탈탈 털어 우여 매운탕, 우여 회 등을 한 상 가득 차려 놓고 밤을 낮 삼아 이야기꽃을 피우곤 했다.

몇 년 전 이 친구는 불귀의 객이 되어 우리의 곁을 떠나 버렸다. 그날 이후 더는 '우여 매운탕' 타령을 들을 수 없게 되었는데 그 때문인지 마치 봄철에 꼭 있어야 할 무언가가 없어져 버린 것처럼 허전하다.

웅어를 주제로 하는 「한국인의 밥상」 위에서 정의롭고 자애롭다는 이름을 가진 백제의 마지막 임금, 그 임금에게 죽음으로 충의를 지킨 우여 그리고 우여 매운탕을 좋아하던 친구의 얼굴이 차례로 떠올랐다가 사라졌다. 그 친구는 술을 어지간히도 좋아했는데…. 이 봄이 가기 전에, 우여가 바다로 돌아가기 전에 고향에 가서 우여 매운탕을 끓여 놓고 친구에게 술 한 잔 권하고 돌아와야겠다. (2014. 5. 12.)

간절한 소망

낯선 사내가 다가왔다. 거침없이 다가오는 기세에 눌려 뒤로 주춤거리며 물러서다 보니 더는 갈 곳이 없었다. 그는 내게 바짝 다가와 옴짝달싹하지 못하게 만들더니 오줌을 눕기 시작했다. 이게 무슨 짓이냐며 뿌리치려 해도 그는 아랑곳하지 않았다. 잠시 후 오줌은 내 바지를 타고 흘러내렸지만 그는 멈추지 않았다. 오히려 나를 보고 히죽 웃으며 얼굴을 향해 눕기까지 했다. 낭패스러워하는 내 모습을 즐기기라도 하듯 장난기 서린 표정으로 얼굴을 내게 들이대기까지 했다. 도저히 참을 수가 없어 그를 거칠게 밀쳐내며 "도대체 당신이 누군데 이러는 거야!" 하고 소리 지르다 잠에서 깨어났다.

오줌 세례를 받았으니 기분이 나빠야 하는데 그렇지 않았다. 오히려 따뜻한 물을 뒤집어쓴 것 같이 기분이 좋았다. 이건 또 무슨 조화람! 혹시 자면서 지려놓은 것은 아닐까 하는 생각에 조심스럽게 아랫도리를 더듬어 보았다. 뽀송뽀송하다. 그럼 정녕 꿈이 맞는 모양인데 꿈치고는 너무 생생했다. '이게 무슨 꿈이지?' 하는 궁금증에 이불을 걷어차고 핸드폰을 더듬어 손에 쥐었다. '꿈해몽' 하고 친 다음에 찾기를 누르니 수도 없이 많은 역술인이며 무료 해몽 사이트가 좌르륵 나타났다.

'오줌'이라는 말을 넣고 찾아보니 별의별 이야기가 다 나온다. 오줌 누는 꿈, 오줌 받아먹는 꿈, 남의 오줌으로 자신의 옷이 얼룩지게 되는 꿈 등 있을 법한 이야기가 수십 가지는 족히 되는데 정작 내 꿈과 비슷한 이야기는 찾을 수가 없었다. 한참을 찾아도 비슷한 내용이 없어서 운세 사이트에 가서 '돈 내고 물어볼까?' 하는 생각도 했다. 조금만 더 찾아보자며 몇 군데 사이트를 검색해보니 마침내 비슷한 꿈과 해몽이 있었다. "유레카!" 기쁨에 겨워 탄성이 나왔다. '간절히 원하는 일이 이루어지는 꿈'이라는 해몽도 맘에 든다. 간절한 소망이 이루어진다는데 어찌 기쁘지 않겠는가.

곰곰이 생각해 봤다. 지금, 이 순간 내가 가장 간절히 원하는 게 무얼까? 로또복권 1등 당첨? 아들 취업? 아무리 생각해 봐도 알 수 없었다. 오랫동안 궁리하다 "그렇다면 로또복권을 사자!" 하고 결심했다. 아들이야 제 앞가림을 충분히 하고 있으니 걱정할 일이 아니고 그 외의 많은 소원은 결과가 언제 나타날지 모르나 로또복권은 주말이면 확인되기 때문이다.

토요일 저녁이 되었다. 복권을 꺼내놓고 간절히 빌었다. '1등에 당첨되게 해주세요.' 빌고 나니 욕심이 너무 과했나 하는 자책이 들었다. '이렇게 욕심을 부리면 소원을 들어주겠어? 욕심을 줄여야 해.' 2등 당첨으로 소원을 바꿨다. 그러다가 3등으로 낮추다가 마침내 '본전만 찾게 해주세요.'로 바뀌었다. 결과는? '꽝'이었다. 내가 간절히 원한 건 로또복권 1등 당첨이 아니었나?

속된 말로 '개꿈'이었구나 하는 생각과 함께 이상한 꿈을 꿔 놓고 호들갑을 떨었다는 민망함이 몰려왔다. 며칠이 지났다. 글을 같이 쓰는 문우가 물었다.

"소설 어떻게 돼 가요?"

"일단 퇴고하고 몇 개 출판사에 투고해 놓았어요."

"내가 아는 출판사가 있는데 전화해 볼까?"

"좋지!"

그날 저녁에 문우에게서 그곳에도 원고를 보내겠느냐고 연락이 왔다. 불감청이언정 고소원(不敢請 固所願)이라고 하지 않는가? 즉시 보냈다.

다시 며칠이 지났다. 낯선 사람으로부터 전화가 왔다. 출판사였다. 회장님이 만나보기를 원한다며 회사로 방문해 달란다. 무슨 일이지? 하는 의문이 들었지만 거절할 이유가 없지 않은가? 약속 날짜를 정하고 나니 궁금증이 한둘이 아니다. 원고를 보낸 지 일주일도 안 됐으니 다 읽어보지도 못했을 것 같고, 설사 읽었다 해도 너무나 감동적이어서 작가를 만나보고 싶어서 그러는 것도 아닐 것 같고…. 머릿속으로 아무리 생각해도 이유를 짐작할 수 없었다. '에이 아무려면 어때? 만나보면 다 알게 될 텐데….' 마음을 비웠다.

세상살이 알다가도 모른다는 말은 이런 때 쓰는 모양이다. 회장이 만나자고 한 이유는 황당하기조차 했다. 그는 내 첫 번째 소설을 읽고 좋은 인상을 받았다고 했다. 기가 막힌 인연이었다. 첫 번째 소설은 출판해 주겠다는 출판사를 만나지 못해 모든 비용을 내가 부담했다. 발간 부수도 많지 않았다. 그런 책을 대형출판사 회장이 읽고 작가에게 관심을 가졌다는 게 신기하기까지 했다. 두 번째 소설은 내 책에 공감해 줄 출판사나 독자가 있는지 확인하고 싶은 욕심이 있어서 대형출판사 몇 곳에 투고했었다. 그러면서 간절히 기원했다. 누구라도 좋으니 출판하자고 연락해 주기를….

회장은 그 짧은 시간에 내 원고를 모두 읽었다고 했다. 가편집한 책으로 730페이지에 이르는 두툼한 원고를 모두 읽고 나름대로 생각을 정리한 듯했다. 그는 원고를 읽은 소감을 이야기하고, 고구려 역사를 주제로 한 김성한 선생의 소설을 거론하며 내 원고를 수정할 의사가 있는지 물었다. 분량을 450페이지 이하로 줄이고 주인공도 변경했으면 좋겠다고 했다. 그 외에 몇 가지 제안을 덧붙였다. 회장은 뛰어난 출판 기획자였고 작가였기에 거절할 이유가 없었다.

낯선 사내는 행운을 가져다준 요정이었을까? 꿈이 좋아서였는지 해몽이 좋아서였는지 모르지만 내가 간절히 원하는 것을 알게 해준 정령임이 틀림없다. (2017. 1. 26.)

기가 막힌 곳

미국에 사는 처이모 내외가 귀국하여 가족 모임을 하게 됐다. 가족이라는 게 어제 만났어도 오늘 만나면 여전히 반가운 법인데 몇 년 만에 만났으니 오죽하겠는가. 안부를 묻고 반가움을 표시하느라 도떼기시장이 만들어졌다.

잠시 후 한 사람이 "지난번 만난 게 엊그제 같은데 벌써 10년이나 됐어?" 하며 놀랍다는 표정을 지었다. 그 말을 듣고 내가 "세월의 빠르기는 자기 나이에 비례한답니다. 10년 금방 가죠."라고 대답했다. 내 말이 끝나기가 무섭게 다른 사람이 "그게 아냐. 자기 나이에 비례하는 게 아니고 자기 나이의 제곱에 비례한 데!"라고 받았다. 그러자 "그러면 죽음을 향해 너무 빨리 달려가는 거잖아!" 하는 볼멘소리가 튀어나오는 바람에 그 말이 맞느니 아니니 하며 또다시 도떼기시장이 벌어졌다. 나이가 들어도 죽음은 받아들이기 쉽지 않은 모양이다.

말이 씨가 된 것일까? 문우들과 창덕궁 후원에 가기로 했던 나들이가 종묘로 바뀌었다. 살아 있는 사람의 낙원에서 죽은 사람의 낙원으로 목적지가 바뀐 것이다. '쏜살같은 세월'을 종묘에 와서 실감했다. 마지막으로 종묘를 찾았던 때가 어제 같은데 벌써 30년이나 지난 것이다. 살아생전 아버지는 종묘제례의 제관으로 자주 참여하며 그것을 무척 자랑스러워했다. 그 당시 종묘제례는 영친왕의 아드님인 이구(李玖) 씨가 주관했는데 그분마저 타계한 다음에는 전주 이씨 가운데 사회적 명망이 있는 사람이 주관했다. 아버지가 제관에 위촉되지 않으면서 자연스레 종묘로 향한 나의 발걸음도 뜸해졌다.

문우들과 종묘에 들어서자 젊고 쾌활한 문화해설사가 맞이했다. 그녀는 생동감 넘치는 목소리로 돌로 포장된 길을 가리키며 영혼이 다니는 신로(神路)이니 밟지 않도록 주의하라고 했다. 주의사항을 들은 이후 신로를 밟거나 지나지 않으려고 애쓰는 사람들을 보며 예전 모습을 떠올렸다.

아버지와 함께 참석했던 종묘대제 때 조복을 갖춰 입은 제관들이 향대청을 떠나자 많은 사람이 그 모습을 보려고 몰려들어 북새통을 이루었다. 그때 누군가가 큰 소리로 “신로를 밟지 마세요! 신로에서 내려오세요!” 하고 외쳤지만 대부분 사람은 어리둥절한 표정을 지을 뿐 신로에서 내려오지 않았다. 무슨 뜻인지 몰랐던 것이다. 30여 년의 시간이 지나는 사이에 관람객들의 교양과 의식 수준이 높아졌음을 느끼게 하는 순간이었다. 예나 지금이나 변함없이 기가 막히게 아름다운 종묘 나들이를 마치면서 문화해설사에게 “어떻게 하면 그렇게 많이 알 수 있어요?” 하고 웃으며 물었다. 그녀는 예의 환하게 웃는 표정으로 “월급을 받아서랄까? 그런 게 아닐까요? 호호호.” 하며 상큼하게 대답했다.

원래 종묘는 창덕궁과 후원 그리고 창경궁이 하나로 연결된 영역으로 ‘동궐’이라 불리던 복합 궁궐이었다. 그런데 일제강점기인 1931년에 북한산의 주맥에서 창경궁을 지나 종묘로 흐르는 정기를 끊어 민족혼을 말살시키려고 창덕궁과 종묘 사이에 율곡로라는 도로를 만들었다. 조선총독부가 벌인 수많은 만행이 여기라고 비켜 가지 않은 것이다.

다행히 창경궁과 종묘 사이를 원래대로 다시 연결하기 위해 돈화문 삼거리에서 원남 사거리까지 율곡로 구간을 지하 터널 길로 변경하는 공사가 진행되고 있다. 이 공사가 끝나면 기가 막힌 종묘에 북한산의 정기가 아낌없이 쏟아져 들어와 기가 넘치는 곳이 되겠지. 신로를 존중해 주는 사람들이 많아지고 종묘에 기가 넘치면 이곳에 모셔진 영령들도 이 나라를 지키기 위해 애를 쓰지 않을까?

(2017. 10. 29.)

'좋아요'도 못 눌러 주냐?

'좋아요. 구독 좀 눌ㄴ드시게…돈 드는 것 아니니…'

카카오톡 단체방에 한 친구가 글을 올렸다. 최근에 개인 유튜브를 개설했다며 성원을 요청한 것이다. 그의 말마따나 돈 드는 것도 아니어서 '좋아요'를 누르려고 하니 로그인을 하라는 안내 문자가 떴다. 굳이 회원가입까지 하면서 '좋아요'를 누르고 싶지 않아 단톡방에 '로그인 없이 좋아요가 눌러지지 않는구먼. 방법이 있으면 알려주시게' 하는 말을 올렸다. 곧이어 다른 친구도 '로그인 안되서… ㅠ 알써 비번이 계속 틀려'라는 말을 올렸다. 잠시 후 유튜브를 개설한 친구의 '컴맹들!' 하는 답글이 올라왔다. 말투에서 불만이 느껴진다.

그 말투에는 덥수룩한 구레나룻을 비집고 나오는 장난기 가득한 얼굴도 담겨 있을 것 같았다.

대기업에서 해외 지사장으로 근무하다 정년퇴직을 한 친구는 퇴직자금을 모두 쏟아부어 부암동에 게스트하우스를 마련했다. 음식 솜씨가 좋은 친구 부인은 외국인들에게 한국요리를 가르쳐주는 등 인상적인 추억을 심어줬다. 친구는 가이드를 자처하여 서울 시내 곳곳을 안내하기도 하고 저녁에는 서울 성곽길 북악산 코스를 같이 걷기도 하며 우리 역사를 알렸다. 부부의 노력에 호응하여 다녀간 외국인들도 입소문을 내면서 『Lonely Planet』(세계에서 가장 많이 팔리는 여행가이드 북)에 소개되었고, 미국 CNBC도 「한국 은퇴자의 생활」(A second career as Airbnb hosts)이라는 제목으로 40분짜리 프로그램을 제작해서 방영했다.

어느 날 친구로부터 저녁에 서울에서 출발하여 포항에 가서 회 한 접시 먹고 일출도 보자는 연락이 왔다. 참으로 뜬금없다 싶어 친구의 제안을 가볍게 거절했다. "못 이기는 척하고 들어주지 빼기는…." 하며 웃어넘기는 친구에게 미안했지만 밤잠을 설치며 포항을 다녀오고 싶지는 않았다. 그 무렵 그는 1톤 트럭을 장만하여 개인 용달업을 하고 있었다. 게스트하우스 운영만으로는 생활비가 부족하여 부업으로 개인 용달업을 시작했던 것이다. 평생을 관리직으로 일했던 사람이 생계를 위해 짐을 싣고, 내리는 것뿐만 아니라 고객의 창고에까지 옮겨다 주는 고된 일을 하고 있었다. 그러던 중에 아침까지 포항에 배달할 화물이 생기자 동행을 제안했던 것이다.

첫 번째 게스트하우스가 자리를 잡자 그는 조금 더 거창한 두 번째 게스트하우스를 꿈꾸었다. 화물을 싣고 전국을 누비면서 마땅한 후보지를 찾는 노력도 병행했다. 내게 포항에 가자고 제안한 이유가 자기의 사업구상에 대한 조언을 들으려는 목적도 있었던 것은 아니었을까? 몇 달 뒤, 그는 강원도 고성의 화진포 인근에 게스트하우스를 계획하고 있다며 친구들에게 투자를 요청해왔다. 안타깝게도 친구들로부터 투자를 유치하는 데는 실패했어도 고성군으로부터 귀농·귀촌 자금을 지원받는 데 성공했다.

아무리 어려운 일이 있어도, 기쁜 일이 생겨도 잔망스러운 표현 없이 덥수룩한 수염 사이로 담담한 미소만 짓던 친구. 그는 힘들여 얻은 성공 경험을 귀농·귀촌을 꿈꾸는 사람들과 공유하고 싶어 유튜브에 절차와 요령을 올려놓았다. 힘들여 얻은 비법을 필요한 사람에게 아낌없이 내어주려 한 것이다. 그런 친구의 부탁을 번거롭다는 이유로 '좋아요'나 '구독하기'

를 눌러주는 것도 주저하다니….

끊임없이 새로운 것을 찾아 도전하고 성공일기를 써 나가는 그의 삶에 이제라도 '좋아요'를 꾸욱 눌러준다.

(2020. 7. 11.)

변신 끝? 아니면 변화의 시작?

파마했다. 지금까지는 머리를 자르기 위해 이발소를 다녔는데 처음으로 미장원에 갔다가 첫날부터 파마한 것이다.

마누라는 이발소보다 머리를 예쁘게 관리해 준다며 미용실을 이용할 것을 자주 권했다. 그러나 사내들은 이발소 가서 머리 잘라야지 무슨 미용실이야 하며 핀잔을 주며 고집스럽게 이발소를 이용하곤 했다. 가끔은 마누라의 성화에 못 이겨 미용실 앞에까지 가기도 했지만 어색함을 이기지 못하고 돌아섰다. 문제는 이발소가 많이 줄어 자주 가는 집이 쉬는 날에는 이발소를 찾아 헤매는 경우가 생긴다는 사실이다. 이렇게 불편한데도 이발소를 고집하다 보니 내 머리 스타일은 좌우 가르마 비율이 2대 8인 '대팔이'를 유지해 왔다.

어느 날 저녁 무렵 마누라와 마트에 장을 보러 갔다가 아예 저녁까지 먹고 갈 요량으로 식당가에 올라갔다. 음식을 먹다 문득 미용실을 발견했다. 늘 있던 미용실이 이날 따라 눈에 들어온 것이다. 마누라에게 "미장원에 가서 머리 한번 잘라 볼까?" 하고 농을 던지자 마누라가 쌍수를 들고 환영했다. 평소에도 이발소보다는 미용실에서 머리를 잘라 보라는 권유를 여러 번 했던 터라 옳다구나 싶었던 모양이다.

미용실에 갔더니 예약을 해야 한단다. "예약? 머리 자르는데?" 황당하기도 하고 한편으로는 호기심도 들어 예약하고 그다음 날 미용실에 갔다. 이발소와는 많은 것이 달랐다. 맨 먼저 젊은 아가씨가 시원한 음료를 권했다. 그리고 기다리는 동안 보고 있으라며 여러 가지 헤어스타일이 담겨 있는 책자를 주고 갔다.

잠시 후 미용 의자로 안내했다. 곧이어 실장이라고 불리는 젊은 남자가 다가왔다. '남자 미용사? 여자 미용사도 많던데 하필 남자 미용사야? 이왕이면 예쁜 여자 미용사를 배정해 주지' 하고 속으로 구시렁거렸다. 그 친구가 "헤어스타일을 바꾸고 싶다고요? 혹시 미용실에 와 보신 적이 있습니까?" 하고 물었다. 미용실이 처음이라고 얘기하니 그렇다면 자기에게 모든 걸 맡겨 줄 수 있겠느냐고 물어서 그러라고 했다.

거침없는 가위질이 시작됐다. 머리카락이 서걱서걱 잘려나가는 소리가 자장가로 들렸나? 졸음에 빠져들었다. 얼마를 졸다 눈을 떠 보니 머리를 뭔가로 돌돌 말고 있었다. '뭐 하는 거지?' 하며 생각하는 사이에 머리의 2/3가량이 돌돌 말려가고 있었다. '뭐야 이거? 파마하는 거야? 이걸 중단시켜? 아니면 그냥 모른 척 지켜봐?' 하며 망설이는 사이에 돌돌 말기가 끝났다. 몇 가지 과정을 더 거치더니 다 됐다며 머리를 감으란다.

의자에 앉아 이발소에서 하던 대로 앞으로 머리를 수그리니 머리 감기는 예쁜 젊은 친구가 '쿡' 웃으며 뒤로 누우란다. 머리 감기는 것도 이발소와는 달랐다. 어쨌든 난생처음 미장원에 왔다가 예정에도 없던 파마머리를 하게 된 것이다. 그것도 아주 비싼 미장원에서 뽀글뽀글 '아줌마 파마'를 했다. 실장은 파마가 잘 나왔다고 하는데 거울 속의 모습은 아무리 봐도 낯설어 '괜히 파마했어!' 하고 후회했다.

마누라는 머리 스타일이 궁금하다며 카카오톡에 사진을 올리라고 성화를 댔다.

"사진 좀 보내봐요."

"볶았어."

사진 대신 퉁명스러운 답을 보냈다.

“그러지 말고 머리만 찍어서 사진 보내줘요.”

“마이콜이야! 아기공룡 둘리에 나오는 마이콜과 똑같아!”

집에 오니 마누라가 ‘마이콜’이 누군지 찾아보고 나름대로 상상을 했었다며 그보다는 훨씬 멋있다고 한다. 그렇지만 어색함을 떨쳐 버릴 수가 없어 한동안은 사람들을 만날 때마다 “처음으로 미용실에 갔는데, 미용사가 자기한테 맡기라나….” 하는 변명을 먼저 하곤 했다. 어느 날 한 친구가 “에이, 속으로 파마하고 싶은 마음이 있었으니까 가만히 있었겠지.” 하고 직격탄을 날렸다. “응?” 가만히 생각해 보니 그 말도 맞는 것 같다. 그날 이후 파마머리를 한 이유에 대해 더는 변명하지 않았다.

파마를 하고 두어 달이 지나 머리를 커트할 때가 되었다. 단순히 커트만 하기 위해 파마를 했던 미용실에 가기에는 돈이 아까워 동네 미용실에 갔더니 “어머! 파마가 잘 나왔네요!” 하고 미용사가 호들갑을 떤다. “그래요? 그럼 이번에는 염색해 볼까요?” 하고 농담 반 진담 반으로 대답하니 미용사가 반색하며 말했다.

“어떤 색으로 해드릴까요?”

“글쎄요…. 밝은 갈색으로 할까?”

"그 색은 너무 튀어요."

"이왕 하는 거 눈에 띄는 게 낫지 않을까요? 그럼 밝은 블론디?"

"제 머리 색깔이 짙은 갈색인데 이 색은 어떠세요?"

"너무 평범해요. 아예 빨간색으로 할까?"

"…?"

미용사의 얼굴에 황당해하는 표정이 떠올랐다.

"쉽게 결정할 일이 아닌가 보네. 오늘은 커트만 해주세요."

미용실을 나오며 곰곰이 생각해 봤다. 밝은색은 나한테 안 어울리나? 아예 녹색이나 청색으로 해 버릴까?

(2013. 10. 4.)

맹지(盲地)

벌초에 관하여 신문에 재미있는 기사가 났다. '짐이다, 맡기자 정(情)이다, 뭉치자… 벌초의 두 얼굴'이라는 기사를 읽으며 벌초가 우리 집안만의 숙제는 아니구나 하고 생각했다. 매해 장손인 사촌 동생에게서 올 추석 벌초는 언제 할까요? 하는 전화를 받으면 가슴속 깊은 어딘가에서 성가신 느낌이 불현듯 떠오르곤 했다. 벌초 대행하는 사람들도 많은데 꼭 모여서 벌초를 해야 할까? 하는 생각이 앞서는 것이다.

"동생 생각은 어떠신가?"

"9월 두 번째 일요일에 모여서 했으면 좋겠습니다."

"그럼 그렇게 하지 뭐"

사실 우리 집안의 벌초는 힘든 일이 아니다. 번거로울 뿐이다. 산소들은 이미 납골당으로 바뀌어서 벌초해야 할 수고로움이 크지 않았다. 또한, 도시에 나가 살고 있다는 핑계로 벌초할 사람을 따로 사서 풀은 그 사람이 깎고 우리는 깎인 풀을 치우는 게 고작이니 힘든 일도 없다. 그저 벌초를 핑계로 아침 일찍 다 같이 모여 얼굴 한 번 더 보고, 묵은 얘기 꺼내 보고 그렇게 웃고 떠들다가 황망히 길 떠나는 게 우리네 벌초 풍경이었다.

이 분위기가 해가 지날수록 조금씩 바뀌어 가고 있었다. 매년 열댓 명이 모였었는데 점차 줄어들더니 급기야 올해에는 작은 아버님 한 분 포함해서 네 명만이 참석한 것이다. 일이야 벌초 대행하시는 분이 하는 것이고, 우리는 뒤치다꺼리나 하면 되기 때문에 참석자가 줄었다고 일이 더 고될 것도 없고, 시간이 더 지체되지도 않지만 마음 한구석이 편치는 않았다. 이런 마음은 나에게만 국한된 것이 아니었나 보다. 일이 끝나고 식사를 하면서 작은아버지께서 한말씀하신다.

"각자의 입장에 따라 태도가 달라지나 벼."

"…?"

"여기 납골당에 부모님을 모신 사람은 다 참석했어. 제홍이 네 아버지, 경한이 부모님 그리고 할아버지, 할머니"

"듣고 보니 그런 모양새가 되었네요."

아버지는 7형제 중 차남이었다. 일찍이 할아버지, 할머니 그리고 큰아버지 산소를 모셨던 곳에 납골당을 만들었는데 납골당을 만든 후 아버지와 큰어머니가 차례로 돌아가시어 지금은 다섯 분을 모셔 놓았다. 남은 5형제는 아직 살아 계시는데 공교롭게도 오늘 벌초에 5형제 분들의 자식은 한 명도 오지 않은 것이다.

오래전 명절날에 차례를 마치고 식사하면서 "요즘 가족 납골당이라는 게 있다고 합니다. 우리 집안도 납골당을 만들면 어떨까요?" 하는 제안을 했다가 어른들로부터 단단히 꾸중을 들었었다. 그 후 몇 년 뒤 뜻밖에도 아버지가 납골당을 만들자는 제안을 다시 꺼냈다. 이때부터 몇 년간 어른들 간에 논란이 계속되더니 납골당을 만드는 쪽으로 결론이 났다. 결론이 나자 일의 진행이 빨라져 남자들 머릿수 비례로 돈을 추렴하여 납골묘를 만들었다. 그러나 그때도 "난 이곳에 안 들어간다." 하고 말씀하신 분이 있었다. 또 "난 슬하에 딸밖에 없어 앞으로 이곳에 올 일이 없을 게다."라고 말씀하신 분도 있다.

사촌들이 각자의 가정을 꾸리면서 제각각의 사정도 늘어나고 있나 보다. 모임도 예전만 못하고, 의견 수렴도 전 같지 않고 더 나아가서 얼굴 보기도 점점 어려워지고 있었다. 그러다 보니 선산에 모여 벌초하고, 성묘하고 하는 것도 제각각이고 조카들의 얼굴은 점점 잊혀 가고 있어 다음 세대에 가면 서로 알아보지도 못할 것 같다. 그때 이 납골묘는 어찌 될까? 식사가 끝나자 벌초하던 분이 뜬금없이 말을 꺼낸다.

"여기 산소 쓸 때 지관한테 물어봤나?"

"…?"

작은아버지께서 툭 치시면서 소리 없이 입술로만 말씀하신다.

"이 사람이 땅 잡아준 사람이여"

그 순간 속에서 부아가 치밀었다. 사실 이 땅은 접근로가 몽땅 막힌 맹지(盲地)였다. 덕택에 상여가 들고 날 때, 납골묘 공사할 때 무척이나 애를 먹었다. 특히 땅 잡아주었다는 이 사람이 더 극성스럽게 우리에게 애를 먹였었다. 그런데 뜬금없이 지관한테 물어봤느냐고? 나는 그가 지관인 것을 모르는 척하며 퉁명스럽게 대꾸했다.

"이곳이 배산임수의 명당이라고 하던데 임수치고는 강이 너무 멀리 있네요."

"…."

"좌청룡 우백호라고 하던데 그렇게 보기에는 기세가 너무 약하구요."

"…."

어머니도 한마디 거들었다.

"옛날에 산소가 떠내려간 적도 있슈."

지관이 그제야 대꾸를 한다.

"그랬었지유."

올해에는 아들들에게 벌초하러 같이 가자는 말을 못 했다. 녀석들이 바쁘기도 했지만 내켜 하지 않는 녀석들을 막무가내로 끌고 내려오기도 싫었기 때문이다. 그러다 보니 요즘 들어 괜히 가족 납골당을 만들자고 했구나 하는 후회를 종종 한다. 아이들의 생활공간은 선산에서 점점 멀어져서 앞으로는 국내가 아닌 해외 어느 곳이 주 무대가 될지도 모른다. 그때가 되면 선산에 모셔 놓은 납골당이 짐이 되지 않을까? 아니면 우리 선산 바로 옆에 근사하게 만들어 놓았다가 지금은 억새와 대나무가 무성한 어느 집안의 가족묘처럼 방치되지 않을까?

작은아버지는 틈나는 대로 선산에 가 잡초도 뽑고, 꽃나무도 심고 벌집도 제거하고 하여튼 이만저만 공을 들이는 게 아니다. 그리고 당신이 돌아가신 뒤에는 우리가 그렇게 해주기를 바라신다. 그런데 나는? 그리고 우리 아이들은? 점점 관심이 줄어들고 있는 것 같다. 이 문제도 또한 맹지가 아닐까?

(2013. 9. 11. 첫 수필)

세월 탓이려니

장날. 요즘은 오일장이라고 해야 이해가 빠를까? 장날의 풍경이 하루가 다르게 바뀌고 있다. 예전의 장날은 어깨를 부딪치지 않고는 걸어 다닐 수가 없었다. 나무 기둥을 세우고 그 위에 함석을 얹은, 벽도 없고 문도 없는 임시 건물들은 장날이면 사람들로 북적이는 가게로 변신했다.

포목전, 생필품전 등 업종별로 몰려 있는 모습은 서울의 광장시장이나 중부시장의 축소판이었다. 한쪽에는 쇠전도 섰다. 쇠전에서는 소만 사고파는 게 아니었다. 염소도 있고 돼지도 보였다. 사람들이 모이는 곳에 먹거리가 빠질까? 아주 오래전에는 국수가 최고의 먹거리였다고 한다. 그 전통이 남아 시장이 발달했던 곳에는 지금도 3대, 4대를 이어 내려오는 국수 가게들이 터줏대감처럼 남아 있다. 내가 어릴 적에는 국밥이 인기였다. 커다란 가마솥에 각종 채소와 고기를 넣고 벌겋게 끓여내는 장터국밥은 생각만으로도 입맛을 다시게 한다. 그 국밥 한 그릇 먹고 싶어 보채다 빗자루 들고 쫓아오는 어머니를 향해 어쩌다 한번 사달라는데 그거 한 그릇을 안 사주냐고 볼멘소리를 지르며 달아나던 기억도 새록새록 떠오른다.

초등학교 다닐 때 우리나라 인구는 3천만 명이었는데 지금은 5천만 명으로 늘었다. 반면 부여군 인구는 다른 농촌 도시와 마찬가지로 급격히 줄었다. 18만 명이었던 인구가 지금은 1/3수준인 6만 5천 명으로 쪼그라든 것이다. 그 인구도 매년 감소하고 있다. 사람이 줄었으니 시장이 활력을 잃는 것은 당연한 이치. 장날의 풍경이 변했고, 장을 찾는 사람도 바뀌었다. 나무 기둥 위에 함석만 얹혀 있던 임시 건물 대신 번듯한 철근 콘크리트 건물이 그 자리를 차지하고 있지만 끈끈한 사람 냄새는 임시 건물과 함께 사라져 버렸다.

부여 장날, 시장에 갔다. 특별히 눈길을 끄는 물건은 없었다. 대신 사람들이 눈에 들어왔다. 시장에 나온 대부분 사람은 나이가 들어 있었다. 특히 건물에 기대앉아 자그마한 보따리를 펼쳐놓은 사람들은 모두 나이든 여자들이었다. 파는 물건이라고 해야 채소나 나물 같은 것들이 대부분이었고, 그나마 양도 많지 않았다. 머리에 이고 손에 들고 올 수 있을 만큼만 가져온 모양이다. 저것을 모두 팔면 얼마나 되는 돈을 손에 쥐게 될까? 그 돈은 생계유지를 위해 쓰일까, 아니면 용돈으로 쓰일까? 노인들은 햇볕에 그을리고 주름이 깊게 팬 얼굴로 열심히 호객하고 있지만 활기가 넘쳐 보이지는 않았다. 도시가 늙어서 사람들이 활력을 잃은 것일까, 아니면 사람들이 늙어서 도시가 쇠락하는 것일까?

기웃기웃하며 지나다 여러 가지 채소와 함께 깎은 밤과 깐 은행을 비닐봉지에 담아 파는 노인과 눈이 마주쳤다. 그 옆에 앉은 노인도 비슷한 물건을 팔고 있었다. 80살은 족히 넘어 보이는 두 여자는 눈이 마주치는 모든 사람에게 열심히 물건을 들이대고 있었다. 내가 밤에 관심을 보이자 그들은 경쟁적으로 밤이 담긴 비닐봉지를 들어 보였다. 마치 내게 밤을 팔지 못하면 큰일이라도 날 것 같은 표정이어서 그냥 지나칠 수가 없었다. 그렇다고 각각 1봉지씩 사주기에는 밤이 너무 많았다. 잠시 망설이다 한 사람에게서는 밤을, 다른 사람에게서는 은행을 샀다. 그 자리를 떠나며 무심코 뒤돌아보다 은행을 판 여인과 눈이 마주쳤다. 순간 그녀는 밤 봉지를 흔들며 자리에서 일어서려 했다. 그 모습에 손사래를 치며 발걸음을 재게 놀려야 했다.

비닐봉지를 받아 든 아내가 고개를 돌리며 황당한 표정으로 은행을 들어 보였다. 씻으려고 봉지를 풀었다가 성한 것 하나 없이 모두 곯아 있는 것을 발견한 것이다. 기가 막혔다. 노인이 일부러 상한 물건을…? 아닐 것이다. 푼돈이라도 만들어 보려고 손에 닿는 대로 물건을 들고 나왔다가 이런 사달이 벌어졌을 게다. 그나저나 상한 은행을 어떻게 하지? 세월에게 물어 달라고 해볼까?

(2019. 3. 11.)

무슨 죄가 있다고

한국의 아름다운 길 100선에 든 전라남도 보성의 '왕벚꽃 터널.' 승용차 두 대가 겨우 지날 만큼 좁은 도로 양쪽에는 한줄기 햇빛도 놓치지 않으려고 벚나무가 하늘을 향해 키를 높이고 있었다. 한여름 녹음(綠陰)에도 이토록 아름다운데 벚꽃이 만개하는 봄에는 어떨까?

구절양장(九折羊腸)처럼 오른쪽으로 꺾이고 왼쪽으로 휘기를 반복하며 15리 동안 이어지는 이 멋진 길을 어떤 이는 아이의 탯줄 같다고 했다. '탯줄?' 이토록 아름다운 길을 그렇게 성글게 표현하는 사람의 심성이 참으로 고약하게 느껴졌다. 길에다 모든 것을 온전히 맡기며 운전하기를 10여 분. 대원사에 도착했다. 백제 무령왕 3년(서기 503년)에 창건됐다는 유서 깊은 절이다. 비록 여순사건에 채이고 6·25 한국전쟁에 찢기어 쇠락했지만 한때는 호남의 내로라하는 절이었다.

일주문을 들어서니 오른쪽으로 작은 문이 또 하나 있다. '우리는 한 꽃'이라는 현판을 단 일화문(一花門)이다. 문의 이쪽과 저쪽에는 빨간 모자를 쓴 아기 동자상(像)이 앉아 있었다. 풍상에 시달리고 사람들이 날린 먼지를 뒤집어쓴 채 얼마 동안인지 모를 세월을 그렇게 버틴 모양이다. 극락전에 들었다. 그동안 하느님이나 예수님에게 고개 한 번 숙이지 않았고 부처님에게 엎드려 절 한 번 드린 적이 없었는데 이날만은 불전함에 시주하고 어머니와 아내의 건강을 기원했다.

법당을 지키고 있는 보살에게 "극락전 앞에 있는 동자상들은 뭔가요?" 하고 물었더니 "세상의 햇빛을 보지 못하고 죽은 아이들인데 아이 잃은 엄마들이 시주해서 만들었습니다. 아이들 가슴에 달고 있는 이름표가 엄마 이름이에요. 저희 절에서는 모든 태아령(胎兒靈)들에게 천도재를 지내줍니다." 하고 친절하게 설명해줬다. 그들을 위로해 주는 사람이 있고 기억하고 안타까워하는 부모도 있다니 참으로 다행이다.

이승과 저승의 사이에는 삼도(三途)의 강이 흐른다. 이 강가 모래밭에는 부모와 자식의 인연이 두텁지 못해 어려서 죽은 갓난아기와 햇빛을 보지 못하고 죽어 간 핏덩이들이 모래밭에서 고사리손을 모아 탑을 쌓고 있다. 부처님 공덕을 빌어 강을 건너려고 고사리손으로 돌 하나를 들고 어머니를 생각하며, 다시 돌 하나를 들어 아버지 이름을 부르며 탑을 쌓는다. 그러나 하나의 탑이 완성돼 갈 즈음이면 저승의 도깨비들이 나타나 호통을 치며 방망이로 탑을 부숴버린다. 애써 쌓아 올린 탑이 무너져 내리면 어린 영혼들은 그만 모래밭에 쓰러져 서럽게, 서럽게 울다가 지쳐 잠이 든다. 그때 지장보살님이 눈물을 흘리고 나타나 어린 영혼들을 감싸 안으면서 "오늘부터 나를 어머니라고 불러라" 하면서 삼도의 강을 건네준다.

-「대원사 안내문」

극락전 앞 양지바른 곳에는 오른손으로 황금색 석장을 짚고 왼손으로 아기 동자를 안고 서 있는 태안 지장보살(胎安地藏菩薩)상이 있다. 그 주위에는 미소를 머금은 아기 동자상들이 빨간 모자를 쓰고 가지런하게 열을 지어 앉아 있다. 맨머리로 앉아 있는 아기들이 안쓰러워 어느 보살께서 손뜨개로 모자를 만들어 주었단다. 이 녀석들은 그리워하고, 가슴 아파하는 어미가 있으니 그나마 다행이다. 하지만 얼마나 많은 태아령들이 버림받고 잊힌 채로 구천을 맴돌고 있을까? 억겁의 인연으로 엄마의 배 속에 자리를 잡았을 때 무척 기뻐했을 태아들은 자기 뜻과는 상관없이 세상 구경도 못하고 삶을 마감해야 했다. 그것도 서러운데 저승으로 갈 노잣돈 한 푼 없고, 노잣돈을 가름하려고 쌓은 돌탑은 도깨비들이 번번이 부수어 버리니 그 분노가 얼마나 클까? 저승에 들지 못하고 악귀가 되어 떠도는 태아령들이 세상을 향해 퍼붓는 저주가 들리는 것 같다.

극락전 뒤로 돌무덤들이 보였다. 이런! 삼도천 앞에서 고사리 같은 손을 움직여 돌탑을 쌓던 녀석들을 대신해서 누군가가 대신 쌓아주고 그 위에 빨간 모자를 쓴 아기 동자상을 올려놓았다. 녀석들도 만족스러운지 배시시 웃고 있다. 아이들의 극락왕생을 빌며 수관정(睡觀亭)으로 갔다. 작은 방에 관을 들여놓은 곳인데 죽음을 체험해 보는 곳이란다. 내 손으로 태아를 죽인 적이 없고, 죽게 한 적도 없는 것 같은데 수관정에 든다는 생각만으로도 두려움이 앞서 그냥 돌아섰다. 세상에! 죽음을 생각하는 것만으로도 두려운데 하물며 죽음을 맞이하는 사람의 심정은 어떨까?

낙태 합법화 논쟁이 치열하다. 여자의 자기 결정권을 주장하며 낙태 합법화를 주장하는 사람들이 있다. 낙태는 살인이니 낙태를 허용해서는 안 된다고 주장하는 사람들도 있다. 어떤 이는 태아를 사람으로 볼 수 있느냐는 문제도 제기한다. 누가 옳던 태아에게는 부모를 잘못 만난 것 말고 무슨 죄가 있을까? 그래도 녀석들은 엄마가 그립겠지? 맞다! 왕벚꽃 터널은 인연이 끊긴 엄마에게 닿고 싶은 아이의 탯줄이었다.

(2018. 9. 12.)

그래도 내가 더 나

"이런! 이런! 이를 어째?" 어처구니없게도 아침에 화장실에서 용변을 마치고 일어서다가 핸드폰을 변기에 빠뜨렸다. 조금의 주저함도 없이 반사적으로 그 더러운 물속에 손을 넣어 핸드폰을 바로 꺼냈지만 한쪽에 오물이 묻는 것까지 막아낼 수는 없었다. 당황스러운 몸짓으로 수돗물로 오물을 닦아 내고 부리나케 핸드폰에서 배터리를 분리하고, 숨 돌릴 틈도 없이 화장지로 핸드폰 이곳저곳을 닦아 내는 한편 물기를 제거하려고 흔들어도 보았다. 나름의 노력을 하고 나서 배터리를 다시 끼웠으나 핸드폰은 이미 먹통이 된 다음이었다. 이렇게 낭패스러울 수가? 더군다나 일요일 아침이라 A/S를 받을 수가 없어 꼼짝없이 월요일까지 휴대폰을 쓸 수 없게 되었다. 오늘 친구들하고 중요한 전화 통화를 해야 하는데 황당한 일이 벌어진 것이다.

친구들하고 겨울 골프를 하려고 예약을 해 두었는데 예약 일자가 임박해서 덜커덕 허리가 말썽을 일으켰다. 사실 매년 겨울 초입에는 일주일가량 허리 통증으로 고생하곤 했는데 지난 2~3년간 아무 탈 없이 넘어가서 그 사실을 잊고 있었다. 그 허리 통증이 다시 자신의 존재를 일깨워 준 것이다. 어찌 됐든 나 때문에 다른 사람들을 불편하게 하면 안 된다는 생각으로 허리 통증을 빨리 다스려서 일정에 차질이 없도록 하려고 병원에서 처방해 준 약을 먹고, 물리치료를 받는 한편 집에서도 뜨거운 팩으로 허리 찜질을 열심히 했다. 그런데도 통증은 쉽게 가라앉지 않았다. 골프 예약 일자가 가까워지자 나도 친구들도 조금씩 초조해지기 시작하면서 예약을 취소하자는 의견도 나왔다. 그렇지만 친구들에게 미안해서 일요일까지 상태를 지켜보고 취소 여부를 결정하자고 제안해 두고 있던 터였다.

친구들에게 내 몸 상태를 알리고 의견을 정리해야 하는 바로 그 시점에 휴대폰이 제 기능을 잃어버렸다. 문제는 휴대폰 없이 친구들하고 연락하려고 보니 도무지 방법이 없다는 것이었다. 평소에는 전화번호를 휴대폰에 저장해 놓고 필요할 때마다 이름을 찾아 통화를 하다 보니 굳이 전화번호를 외워 둘 필요가 없었다. 그러니 누구의 번호도 내 머릿속에 남아 있지 않았다. 또한 수첩을 쓰지 않으니 따로 기록해 둔 것도 없었고, 가까운 친구들이다 보니 명함도 갖고 있지 않았다. 이에 더하여 집으로 방문하기보다는 식당이나 술집에서 주로 만나다 보니 친구 중 누구의 집도 주소는 고사하고 위치조차 짐작하지 못했다. 휴대폰 없이는 아무하고도 연락할 방법이 없었다. 황당했다. 오늘 처음으로 문명의 이기(利器)가 때로는 사람들을 이토록 무기력하게 만들 수도 있구나 하는 두려움을 느꼈다. 친구들과 접촉하기 위해서는 휴대폰 기능을 살려내는 것 말고는 방법이 없었다.

휴대폰이 먹통이 되면서 일요일이 이토록 야속하게 느껴진 적이 없었다. 핸드폰 제조업체는 당직근무를 해서라도 사용자의 불편을 해결해 줘야 하는 거 아냐 하며 부아를 내보기도 했다. 화장지로 다시 닦아 보고, 마른 수건으로 또 문질러도 보았지만 전화기는 끝내 응답을 하지 않았다. 이 정밀한 기계를 문외한인 내가 무슨 수로 살려내지? 참 난감했다. "문명의 이기가 사람을 피곤하게 하는구나?" 하고 포기하려는 순간 '문명의 이기'가 도움을 줄 수도 있겠다고 하는 생각이 퍼뜩 들었다. 인터넷에 접속하여 '똥통에 빠진 휴대폰' 하고 질문을 던졌다. 관련 글들이 좌르르 나타난다.

이런 경험을 나만 하는 게 아니었다. 선풍기 바람에 휴대폰을 말리라는 글들이 무척 많았다. 다른 글에서는 절대로 헤어드라이어로 말릴 생각은 하지 말란다. 드라이어의 열기가 휴대폰 부품을 망가뜨릴 수 있기 때문이라나? 제시된 모든 방법은 젖은 휴대폰의 물기를 말리라고 충고하고 있었다. 가장 호기심을 불러일으킨 것은 전기밥솥에 넣고 12시간 동안 보온상태에 두라는 것이었다. TV에 소개된 것이니 믿어도 좋다는 말이 덧붙여져 있었다. "뭐야! 휴대폰이 밥이야 뭐야? 보온하라니" 하고 갸우뚱하면서도 그 네티즌을 믿어 보기로 하고 전기밥솥에 휴대폰을 넣었다. 세 시간 뒤 휴대폰은 언제 그랬냐는 듯이 '빵빵'하게 터졌다. 늦지 않은 시간에 친구들에게 허리가 온전하지 못하다고 설명하고 골프 예약을 취소할 수 있었다.

휴대폰이 막 대중화되기 시작할 무렵 부하 직원이 휴대폰을 장만하라고 건의를 해왔을 때 "휴대폰을 지니고 있으면 항상 속박받는 느낌일 것 같아서 싫다."라며 거절했었다. 그런데 지금은 너나없이 휴대폰 없이는 살 수 없는 세상에 살고 있다. 길을 가면서도 휴대폰에서 눈을 떼지 못하고, 여럿이 모인 자리에서도 각자 제 휴대폰만 바라보느라 대화 한마디 없다. 나 역시도 마누라에게서 "제발 휴대폰 좀 그만 봐요."라는 핀잔을 받곤 한다. 어떤 사람은 가끔 휴대폰을 꺼 놓고 생활해 보라고 한다. 여유가 생긴다나? 휴대폰이 손안에 없으면 불안을 느끼는 그런 세상에서 언감생심 휴대폰을 끄라고? 말도 안 되는 제안이지…. 휴대폰을 처음 대할 때 느꼈던 '속박'이 어느덧 현실이 되었다.

불과 서너 시간 동안 휴대폰이 먹통이 되었을 때 얼마나 당혹스러웠던가? 이제 휴대폰 없이는 아무것도 제대로 할 수 없게 되었고, 우리 머리는 휴대폰 때문에 점점 쓸모가 없어져 가는 것 같다. 그래도 휴대폰보다는 내 머리가 나을 것이라고 믿고 또 믿어 본다.

(2014. 11. 7. 등단작품)

쉬었다 가기

심한 안개 때문에 아침 8시에 출발해야 하는 비행기가 12시에 겨우 이륙했다. 하루의 반을 김포공항에서 대기하며 날려 버린 것이다. 반나절을 허비하는 바람에 제주공항에서 올레 1길의 중간 지점인 종달 초등학교까지는 버스로 이동하고 거기에서부터 올레 1길의 종점인 성산 일출봉까지 걸었다.

제주 하늘은 금방이라도 비를 뿌릴 것처럼 찌푸려 있었다. 서울에서는 안개가 발목을 잡더니 제주에서는 흐린 날씨가 등을 떠민다. 도중에 비를 만나지 않으려고 허겁지겁 발을 옮겨 해 질 녘에 성산에 도착했다. 늦었지만 혹시나 하는 마음으로 성산 일출봉에 들르니 마지막 방문객으로 입장시켜

주었다. 그나마 행운이 남아 있던 셈이다.

다음 날 아침. 거친 빗소리에 잠이 깼다. 창밖에는 2월이라는 계절이 무색하게 장마철에나 옴직한 비가 쏟아지고 있었다. 아침을 먹으려고 들른 식당에서 주인은 우리가 올레꾼이라는 것을 알아채고는 "제주도 비바람은 제법 거칠어요. 오후에는 비가 잦아진다고 하니 오전에는 숙소에서 쉬었다가 오후에 출발하는 게 좋겠어요." 하고 조언을 해주었다. 하지만 전날에도 안개 때문에 반나절을 허비했는데 비 때문에 또 반나절을 허비하는 게 싫었다. 게다가 성산에서 빤히 보이는 섭지코지까지는 1~2시간이면 갈 수 있을 것 같아 만류를 뿌리치고 길을 나섰다.

광치기 해변을 따라 섭지코지까지 걷는데 비는 물론 바람도 장난이 아니었다. 우산도 준비하고, 우비도 가져왔기에 별다른 걱정을 하지 않았는데 걷기 시작한 지 1시간도 되지 않아 우산은 제 기능을 잃고 쓰레기통으로 사라졌다. 우산이 사라지자 빗방울이 얼굴을 때리는데 이만저만 따가운 게 아니었다. 바람은 또 얼마나 거센지 우리 부부를 하늘로 날려버릴 기세여서 서로를 의지하며 힘겹게 나아가야만 했다. 섭지코지까지 걸어가겠다고 했을 때 화들짝 놀라던 식당 주인의 반응이 비로소 이해되었다. 모진 비바람을 뚫고 2시간여 만에 섭지코지 입구에 도착했다. 마침 공중화장실이 있어 안으로 들어가 서로를 살펴보니 몰골이 말이 아니었다. 운동화는 물속에라도 들어갔다 나온 것처럼 물이 가득 차 물고기가 헤엄쳐 놀만 했고, 온몸으로 파고드는 한기는 절로 디스코를 추게 했다. '뭐가 그렇게 급하다고 고집부리다 이 꼴을 당했을까?' 하고 후회했지만 이미 엎질러진 물이었다.

섭지코지 입구의 화장실에서 대강 추스르고 나니 표선행 버스가 도착했다. 남은 일정을 포기하고 버스에 올랐다. 버스가 출발하고 얼마 되지 않아 야속하게도 비가 잦아들더니 표선에 도착할 때쯤에는 완전히 멎어 버렸다. 반나절이 아까워 서두르다 고생만 실컷 하고 하루를 날려 버린 것이다. 식당 주인의 조언을 받아들여 성산에서 좀 더 쉬었다 출발했더라면 미친 듯 날뛰는 광치기 해변 대신 멋진 풍경을 즐겼을 테고 섭지코지에서 차 한잔하는 낭만도 누렸을 텐데 참으로 아쉬운 날이었다.

탈고한 원고를 한 달여 만에 다시 읽었다. '이게 정녕 내가 쓴 글이란 말인가?' 놀라움이 앞선다. 자문자답을 해봤다. '무슨 취지로 이 글을 썼지?' 하고 질문하니 '의자왕에 대한 변명이랄까?' 하는 대답이 쉽게 나왔다. '그럼 주인공이 의자왕인가?' 하고 물었다. '그런…가?' 대답이 떨떠름해진다. '책에서 하고 싶은 이야기는 뭐야?' 하고 질문을 던지니 답이 궁해졌다. 얼굴이 붉어진다. 이런 글을 써 놓고 출판을 꿈꾸다니 참 염치도 없다는 생각이 들었다. 출판사에 전화했다. 글을 수정하겠다고, 아니 처음부터 다시 써야겠으니 출판을 보류해 달라고 요청했다.

1년 가까이 이 일에 몰두했는데, 나름대로 공들여 쓰고 탈고까지 했는데 없던 것으로 하려니 참담한 생각이 들었다. 허탈한 마음을 달래려고 책을 한 보따리 샀다. 글쓰기의 기본부터 다시 다듬어 볼 요량이었다. 도나 타트라는 작가의 '책 한 권이 일 년 만에 나오는 것보다 더 끔찍한 일은 없다.'라는 문구를 접하고 나니 겨우 1년을 쓰고 마치 오랫동안 글을 쓴 것처럼 느낀 나 자신이 부끄러워졌다.

어니스트 헤밍웨이는『무기여 잘 있거라』의 결말을 47가지나 쓴 다음에야 결정했다고 한다. 헤밍웨이 같은 거장들도 얼마나 고심해서 글을 쓰고 책을 내는지 알게 되니 서둘러 책을 내려던 내 행동이 더욱 옹색해 보였다. 루이즈 디살보는 이를 '서두름의 불치병'이라는 말로 일축해 버렸다. 구스타브 플로베르도 '천재는 인내의 대가(大家)'라는 말을 남겼다. 그래서였을까? 어떤 작가는 탈고한 원고를 네 번이나 다시 고쳐 쓰기도 했다고 한다.

스티븐 킹도 '책은 쓰는 것이 아니라 천천히 짓는 것이다.' 라는 말을 남겼다. 타고난 재능이 중요한 것이 아니라 헌신과 인내가 더 중요하다는 뜻이리라. 래이 브래드버리는 '너무 열심히 일하면 뮤즈가 놀라서 숲속으로 도망간다. 등을 돌리고 한가로이 거닐고 부드럽게 휘파람도 불면 뮤즈가 살며시 뒤따라 걸어온다.'라고 말하며 여유의 중요성을 강조했다. 우리말에도 욕속부달(欲速不達)이라는 말이 있지 않은가? 광치기 해변도 서두르는 것이 능사가 아니라는 교훈을 주었다. 다시 제주에 가는 날, 새로 나온 책을 들고 광치기 해변에서 게으름을 피우며 쉬어야겠다.

(2017. 5. 30.)

소박맞았습니다

갑자기 성큼 다가온 추위 탓에 이불의 유혹을 뿌리치기 어려운 아침, 꼭두새벽에 툴툴거리며 집을 나섰다. '매월당 김시습 기념사업회'라는 긴 이름을 가진 단체에서 역사기행을 떠나는 날이기 때문이다. 사실 꽤 오래전부터 이 단체의 초청을 받고도 이러저러한 핑계를 대며 참가하지 않았다. 마음이 변한 것은 뿌리칠 수 없는 미끼를 던졌기 때문이다. 익산 미륵사와 왕궁리 유적 그리고 가람 문학관을 둘러볼 예정이라며 또다시 참여를 권유해 온 것이다. 그렇지 않아도 왕궁리 유적을 돌아보고 싶었는데 구미에 맞는 미끼를 던진 것이다.

약속 시각이 되지도 않았는데 버스는 이미 사람들로 가득

차 있었다. 내가 마지막으로 도착한 것이다. 이런 정성이라니…. 버스에 오르니 나를 초청한 사람이 어느 여자분 옆자리로 안내해 주었다. 그녀는 수인사가 끝나자 『울림』이라는 제목이 붙은 작은 시집을 건네주었다. 시인이었다. 고맙다는 말을 하며 표지를 넘겨 약력을 읽었다. 끝에 대학원 재학 중이라는 글자가 눈에 들어왔다. 아무리 살펴봐도 내 또랜데 대학원에 재학 중이라니? 흥미로웠다.

이른 아침부터 꽉 막힌 고속도로를 보며 대학원에 다니는 이유를 조심스럽게 물었다. 그녀는 이미 대학원에서 동양철학은 마쳤고 서양철학마저 공부하려고 시작했는데 대부분 책이 원서로 되어 있어 이해하기가 너무 어렵더라고 했다. 그녀는 부족한 영어를 극복하려고 이번 12월에 영국으로 어학연수를 떠나 내년 9월에 돌아올 예정이라고 담담하게 대답했다. 대단하다는 생각을 하며 나도 모르게 그녀의 얼굴을 쳐다보았다. 그녀도 나를 보며 보일 듯 말 듯 희미한 미소를 지었다.

그녀가 화제를 돌려 자신에 관한 이야기를 풀어놓기 시작했다. 남부럽지 않은 가정에서 태어나 좋은 남자 만나 행복한 결혼 생활을 했는데 그녀의 나이가 30을 넘어갈 무렵 남편이 덜컥 병에 걸려 오랫동안 병석에 누웠다고 했다. 어린 두 아이를 보살피며 오랫동안 병구완하다 지쳐버린 그녀가 말 한마디 못하고 누워만 있는 남편에게 "애들 걱정하지 마요. 내가 어떻게든 키울 테니 염려하지 말아요." 하는 말을 푸념처럼 몇 차례 했다고 했다. 말을 마치고 남편을 보니 그의 얼굴에 눈물 자국이 있더라며 차창 밖으로 시선을 돌렸다.

그녀는 잠시 말을 끊더니 작은 목소리로 "다음 날 남편이 죽었어요. 아이들 때문에 숨을 못 놓다가 내가 다짐하는 말을 듣고 안심이 됐나 봐요."라고 말했다. 독백인 듯 들으라는 듯 얘기를 하던 그녀가 계면쩍은 표정으로 나를 보며 "내가 너무 말이 많죠?" 하고 물었다. 안쓰러운 마음이 들어 "그렇게 젊은 나이에 어린아이들하고 힘들었겠습니다."라고 말하자 그녀는 "제가 낯선 사람에게는 말을 잘 않는 편인데 작가님이라고 해서 편한 생각이 들었나 봐요." 하며 희미한 미소를 지었다. "작가가 뭐 대순가요?" 하고 물었더니 "작가님들은 마음이 순수하잖아요. 남을 감동하게 하는 글을 쓰는 사람들인데 순수하지 않겠어요?" 하고 정면으로 바라봤다. 순간 그 눈을 마주할 용기가 나지 않아 고개를 돌렸다. 순수하지 않은 내 마음이 드러날 것만 같아서….

점심을 마치고 차에 오르자 그녀가 "날씨가 추워 롱패딩을 입고 왔는데 차 안에서 입고 있을 수도 없고 벗어 놓으려니 작가님을 불편하게 해서 안 되겠어요. 다음번에 버스가 서면 다른 자리로 옮기겠습니다."라고 말했다. 순간 내가 무례한 짓을 했나? 아니면 나하고 대화하는 게 지루하거나 유쾌하지 않았나? 하는 생각들이 스쳐 갔다. 미륵사지를 돌아보고 버스에 올랐을 때 이미 그녀는 짐을 챙겨 다른 자리로 옮겨갔다. 인솔자가 탑승 인원을 확인할 때 내 뒷자리에 있던 사람이 내 옆자리가 비었다고 걱정하기에 "소박맞았습니다." 하고 웃으며 대답했다. 그 시간 이후 내 호칭은 '소박데기'가 되었다.

그녀가 자리를 옮긴 것이 호의에서 비롯했다는 것은 가람문학관에서 알게 됐다. 온종일 여러 곳을 방문하다 보니 피로가 전신을 엄습해 왔다. 지친 다리로 문학관을 관람하고 있는데 그녀가 나를 발견하고는 잠시 쉬라며 의자를 권했다. 테이블을 사이에 두고 그녀 앞에 앉자 예의 희미한 미소를 지으며 "큰아이는 얼마 전에 결혼시켰어요. 작은딸 아이는 지금 영국의 어느 병원에서 인턴으로 근무하고 있구요." 하고 말했다. "따님이 영국에 있어 그곳으로 어학연수를 가는군요?" 하고 묻자 가볍게 고개를 끄덕였다.

서울로 돌아오는 고속도로는 꽤 붐볐다. 하지만 지루할 틈이 없었다. '소박데기'가 불쌍해 보였는지 간식을 가져다주는 사람들이 많아 그들에게 고맙다는 말을 하느라 바빴기 때문이다. 그녀도 잘 있나 싶어 슬쩍 뒤쪽을 보니 졸고 있는 모습이 보였다. 하긴 피곤할 만도 하지. 어느덧 나도 잠에 빠져 버렸다.

서울에 거의 도착할 무렵 핸드폰에 문자가 왔다는 표식이 떴다. "오늘 하루 즐거웠습니다. 이 번호를 저장해 주세요. 영국 다녀와서 꼭 만나고 싶습니다." 그 메시지를 보는 순간 "아! 내가 소박맞은 게 아니었구나." 하는 생각이 들며 나도 모르게 입가에 미소가 번졌다. "영국 잘 다녀오십시오. 그리고 다녀와서 다시 만날 수 있는 행운이 있으면 좋겠습니다." 하고 회신을 보냈다.

그녀의 첫 번째 시집은 『나, 어머니로 태어나 아버지로 살았네』였다. 남편과 사별하고 어린아이들을 혼자 키우느라 식당일부터 안 해본 것이 없다고 했다. 그렇게 살면서도 틈틈이 시를 쓰고 그것을 모아 시집을 낸 것이다. 남편과 약속한 대로 아이들을 잘 키워냈으니 이제부터 홀가분하게 자기의 인생을 살려고 한다고 했다.

일행들과 헤어져 집으로 가는 내내 작은 체구에 롱 패딩을 입은 이 여자가 남긴 말이 귓전에 맴돌았다. "절실하게 원하면 못 할 일이 없어요. 작가님도 새로운 도전을 해보세요." 내게 소박을 놓은 이 여자가 원하는 모든 것을 이룰 수 있도록 같이 기원해 본다. (2017. 11. 22.)

조바심

집 밖을 나서면 코끝을 간질이는 꽃향기에 발길을 옮기기가 어려운 계절이다. 아니 내 의지와 상관없이 발길이 꽃향기를 따라가곤 한다. 한파가 기승을 부린 게 엊그제였는데 벚꽃을 필두로 진달래, 개나리 목련이 앞다투어 자태를 뽐내더니 어느덧 라일락마저 그 대열에 끼어들었다. 하루라도 늦으면 사람들의 눈길을 받을 수 없다고 생각하는 것인지 한꺼번에 활짝 핀 것이다. 아무리 꽃이라지만 이렇게 질서를 어지럽혀도 되는 걸까? 올해에는 꽃들이 경쟁적으로 고개를 동시에 내밀었다. 지구가 너무 더워져서 꽃들도 철모르고 제멋대로 꽃망울을 터뜨린 모양이다.

친구들이 모였다. 아들을 결혼시킨 친구가 답례를 핑계로 가까운 고향 친구들을 초대한 것이다. 고향이 주는 포근함 때문일까? 오랜만에 만난 이성 친구도 순식간에 구면인 것처럼 스스럼없이 농담하고 장난을 쳤다. 여자 셋이 모이면 접시가 깨진다고 했지? 그릇들이 묵직해서 다행이었다. 남자 넷이 모이면 어떻게 될까? 어항이 깨진다고 한다. 그 또한 다행이었다. 수족관이 없는 일식집이어서. 그런 여자 셋에 남자 넷, 모두 일곱 명이 모여 회포를 풀었다.

일곱 명이 왁자지껄하게 대화를 나누니 쥔장의 눈길이 수시로 우리 쪽을 향했다. 다른 손님들이 신경 쓰이는 모양이다. 그러거나 말거나 일곱 남녀의 수다는 거침이 없어 식탁 위의 그릇들이 요동을 치고, 썰어 놓은 참치회가 춤을 추려고 한다.

그 나이가 된 것인가? 대화의 주제가 아이들 얘기로 넘어갔다. 벌써 할머니가 됐다는 둥, 딸이 올봄에 시집갔는데 친정 근처에 집을 얻은 게 아무래도 수상쩍다는 둥 여자 동창들이 대화의 주제를 끌고 갔다. 그때 한 친구가 짜증스러운 목소리로 전화 통화를 했다. 순간 얼음물을 끼얹은 듯 장내가 조용해졌다. 그 친구는 “몰라, 네가 알아서 해. 끊어!” 하고 외치듯 말하고 통화를 끝내다가 우리의 표정을 보고 상황을 파악했는지 미안해했다. 바로 옆자리에 앉은 죄로 내가 물었다.

"야, 무슨 전환데 그렇게 험하게 받냐?"

그 친구는 민망해하는 표정을 지으며 대답했다.

"막둥인데 올해 대학에 들어갔어. 그런데 내일 여자 친구랑 꽃구경하러 간다나? 그런데 도시락을 지가 준비하기로 했다며 유부초밥 만드는 법을 알려 달라잖아."

여자 친구랑 놀러 가면서 사내자식이 도시락을 싼다는 말에 속이 상한 것이다.

"그게 무슨 상관이야. 요즘은 다 남자가 준비해."

하며 그런 일로 속상해하지 말라고 다른 여자 친구가 말했다. 이웃 중에 상처하고 혼자 사는 70대 남자가 있는데 어느 날 남자, 여자 각각 2명씩 네 명이 꽃구경하러 가기로 했단다. 그들은 심지 뽑기를 해서 각자 무엇을 준비할지 정하기로 했는데 이 남자가 도시락을 싸게 됐다는 것이다. 그는 도시락을 싸기 위해 며느리에게 자문했다. 당연히 며느리가 도시락을 싸 주겠다고 나섰지만 남자는 그것을 뿌리치고 직접 시장을 보고 밤잠을 설치며 도시락을 싸더라는 것이다. 며느리는 안절부절못했지만 남자는 아랑곳없이 흥에 겨워 가벼운 발걸음으로 봄나들이를 하러 가더란다.

속상해하는 친구에게 내가 말했다.

"유부초밥 싸는 거 일일이 가르쳐 주지 말고 인터넷으로 찾아보라고 해. 어지간한 음식 만드는 법은 인터넷에 다 나와 있더라고."

다른 친구들도 맞장구를 쳤다. 이제 그 정도는 스스로 알아서 하게 놔두라는 것이다. 인터넷은 애들이 우리보다 훨씬 더 친숙하니까 모르는 것은 다 찾아서 해결할 것이니 신경 쓰지 말라고 거들었다. 그 말이 위로됐는지 친구는 모르는 체하겠다며 환하게 웃는다. 말은 그렇게 해놓고 그 친구의 엉덩이가 바람이 가득 채워진 풍선처럼 들썩거려서 우리는 자리를 일찍 파해야 했다.

세상이 바뀐 모양이다. 아니 바뀌었다. 남자가 여자를 위해 도시락을 싸도 아무렇지 않게 생각할 만큼 그렇게 바뀌었다. 얼마 전 한 친구가 내게 말했다.

"우리가 대학을 졸업하고 퇴직할 때까지 보통 30년을 일하잖아. 그런데 인생 백세시대에는 퇴직하고 나서도 30년은 더 활동할 수 있는 시간이 생겨. 그러니 퇴직 후 무엇을 새로 시작해도 전혀 늦지 않다고 봐야지."

듣고 보니 맞는 말이다. 여자를 위해 남자가 도시락을 싸고 꽃이 피는 시기를 무시하고 꽃망울을 터뜨려도 이상할 게 없는 세상이다. 이렇게 세상이 바뀌었는데, 아니 세상은 이미 저만치 가 있는데 나만 제자리에 머물러 있는 것은 아닐까? 갑자기 마음이 급해진다.

(2016. 4. 20.)

2

다시 신입사원

음·미·체에서 다시 국·영·수로

“야, 야! 내 말 좀 들어봐. 우리는 그동안 국·영·수로 살았잖아. 그렇지만 이제부터는 태도를 바꿔서 음·미·체로 살아야 해!”

매월 첫 번째 수요일에 만나 점심을 같이하는 모임이 있다. 서울 4대문 안에 있는 회사에 근무하는 고등학교 동기들로 20년이 넘는 시간 동안 같은 음식점에서, 그 집의 변하지 않은 방에서 만나 많은 얘기를 나누었다. 그 방에는 우리의 땀 냄새와 한숨 그리고 열정이 세월만큼이나 켜켜이 쌓여 있었다. 처음 모임이 시작됐을 때만 해도 소속회사의 대리, 과장이던 친구들이 어느덧 회사를 떠날 나이가 됐다. 이미 회사를 떠나 자그마하게나마 자기 사업을 시작한 친구도 있고, 집에서 소일하며 보내는 친구도 있었다. 그 방에서 난데없이 '국·영·수로 살았잖아!'라는 말이 튀어나온 것이다.

"지금까지는 국·영·수로 살았지만, 앞으로는 음·미·체로 살아야 해!"

임금피크 기간도 끝나 퇴직을 앞둔 친구가 새로운 일자리를 찾겠다고 하자 난데없이 한 친구가 '국·영·수'론을 꺼낸 것이다. 국·영·수는 뭐고 음·미·체로 살라는 말은 또 무슨 해괴망측한 소리란 말인가? 그의 주장에 따르면 명예를 위해서 그리고 처자식들과 먹고살려고 원치 않았어도 열심히 매달리며 살아온 것이 국·영·수의 삶이라는 것이다. 학교 다닐 때 정작 재미있는 과목은 음악, 미술, 체육이었는데도 좋은 대학에 가려고 좋아하지도 않는 국어, 영어, 수학을 열심히 공부한 것과 다르지 않다는 것이다. 그는 하고 싶은 것, 재미있는 것을 하며 사는 음·미·체의 삶이 인생 2막을 더욱 풍부하고 값지게 할 거라며 목소리를 높였다.

뜻밖의 주제가 등장하면서 친구들의 호기심을 자극했는지 대화가 활발해지면서 반주로 마신 막걸리 양이 평소의 2배가 넘었다. 음·미·체의 삶을 주장하는 친구는 내가 수필을 쓰고 장편소설을 발간한 것에 자극을 받아 서예를 시작했다고 했다. 칠순 때 개인전을 열겠다는 것이다. 그는 내가 회사에 다시 나가는 것을 강력하게 만류했다.

"나 같으면 회사에 안 나가. 음·미·체로 살아야 하는데 국·영·수 생활로 왜 돌아가려고 하지? 지금까지 소설 2편 썼잖아. 수필도 오랫동안 썼잖아. 그렇게 음·미·체 생활을 하다 왜 국·영·수 생활로 돌아가느냐고…!"

그의 주장이 워낙 완강해서 음·미·체 생활을 일시 중단하는 게 옳을지 아니면 계속해야 할지 잠시 망설였다. 국·영·수 삶을 계속하고 싶은 것은 아니었다. 다만 매듭짓기 전에 꼭 하고 싶은 것이 있었다. 그 미련 때문에 친구의 말을 애써 뿌리치고 출근을 결정했다.

(2019. 11. 11.)

새로 출근하는 분이시죠?

몇 년 동안을 백수로 지내다 회사에 출근하는 날. 새삼스럽게 긴장이 됐다. 조금은 어색한 모습으로 회사 로비에 도착하자 편안한 느낌의 나이 지긋한 경비가 다가오며 "오늘부터 새로 출근하시는 분이시죠?" 하며 깍듯하게 인사했다. 나보다 꽤 연배가 높아 보이는 사람으로부터 인사를 받다 보니 나도 모르게 "아, 네네!" 하고 엉겁결에 머리를 깊이 숙이며 같이 인사를 했다.

인사가 끝나자 그는 황급히 엘리베이터 버튼을 누른 뒤 공손한 모습으로 옆에 섰다. 여전히 익숙지 않은 상황에 적잖이 불편했다. 예전에는 어땠을까? 잠시 기억을 더듬어 봤지만 아무것도 떠오르지 않았다. 어쩌면 어깨에 힘을 잔뜩 주고 살았는데 백수로 몇 년을 살다 보니 기억 속에서 모두 지워졌는지도 모르겠다. 하여튼 경비의 공손한 모습을 대하니 당연함보다 어색함이 먼저 다가왔다.

수필을 쓰며 가깝게 지낸 문우가 있다. 글도 잘 쓰지만, 환갑이 넘은 나이에도 회장으로부터 신임을 듬뿍 받으며 회사에 다니고 있어 매양 부럽게 만드는 사람이다. 그녀에게 오래전부터 농담 반 진담 반으로(사실은 진담에 훨씬 가깝게) 허드렛일이라도 좋으니 회사에 자리 하나 만들어 달라는 소리를 하곤 했다. 그럴 때마다 그녀는 당치 않은 농담하지 말라며 손사래를 쳤지만, 그 모습마저 재미있어 틈만 나면 그녀에게 압박을 가하곤 했다.

어느 날 그녀가 두 개의 일자리를 제시하며 선택하라고 했다. 하나는 빌딩을 관리하는 경비였고 또 하나는 회사를 관리하는 자리였다. 사실 스트레스받기도 싫고 머리 쓰는 일은 더더욱 힘에 겨워 빌딩 경비직에 관심을 두었는데 그녀는 '답정너(답은 정해져 있으니 너는 대답만 해)'라는 눈빛을 보내고 있었다. 궁리 끝에 그녀에게 문자메시지로 답을 보냈다.

(전략)…. 남들보다 조금 일찍 퇴직하고 나름대로 유익한 시간을 보내고 있다고 생각했습니다. 소위 말하는 인생 2막

을 시작한 셈이지요. 다만 회사생활을 하면서 축적한 기법을 누군가에게 전해주지 못하는 게 아쉬울 뿐입니다. 그렇다고 조직에 얽매이고 싶지는 않습니다. 이제 다시 인생 1막으로 돌아오면 어떻겠냐는 제의를 받고 보니 생각이 많아지네요. 다시 1막으로 돌아간다면 기대할 수 있는 보람이나 성취감이 뭘까 하는 생각을 해보고 있습니다…. (후략)

오랜 공백을 깨고 회사에 출근하려니 모든 게 어색했다. 와이셔츠 위에 맨 넥타이도 답답했고, 운동화 대신 신은 정장 구두도 불편했다. 무엇보다도 경비의 깍듯한 인사가 편치 않았다. 아직은 백수 물이 빠지지 않아서 그런가? 그는 출근 시간에 마주치면 어김없이 정중하게 인사를 했고 그때마다 나도 그에게 공손한 인사로 답을 했다. 그의 인사를 받을 때마다 생각했다. '만약 내가 경비직을 택했더라면 지금처럼 인사를 받는 대신 누군가에게 공손히 인사하고 있지 않을까?'

사람 팔자라는 게 참…! (2019. 10. 31.)

우직하기는

녀석은 언제 봐도 믿음직하다. 생긴 것도 나무랄 데가 없다. 겉모습만 그런가? 마음씨도 흠잡을 데가 없다. 아무리 무거운 짐을 지워주어도 불평 한마디 하지 않는다. 무겁다고, 힘들다고 짊어진 짐을 팽개치지도 않는다. 이만하면 매우 믿음직스럽지 않은가? 주신(主神) 제우스가 녀석을 진즉에 알았더라면 아틀라스[1] 대신 지구를 떠받치는 일을 맡겼을지도 모른다. 아니 틀림없이 그랬을 것이다.

일찍이 공자는 "군자는 어울리되 패거리를 짓지 않고, 소

---

1) 아틀라스: 티탄 신족의 한 사람으로 제우스에게 대항했다가 패하고 하늘을 짊어지는 벌을 받았다.

인은 패거리를 짓되 어울리지 않는다."[2]고 말했다. 마치 녀석을 두고 하는 말처럼 들린다. 자기와 비슷한 상대하고만 사귀고, 그런 친구마저 여럿을 두지도 않는다. 그뿐인가? 친구를 맺으면 죽을 때까지 절대 배신하지 않는다. 비가 오나 눈이 오나 늘 함께하며 서로를 비난하지도 않고 둘이 합심하여 다른 사람을 흉보지도 않는다. 그저 묵묵히 자기 할 일만 하고 있으니 능히 군자라 부를 만하다.

녀석은 득도한 것 같기도 하다. 돌부리에 채도 인상 한 번 쓰지 않는다. 진창에 온몸이 더럽혀져도 불평 한마디 없이 묵묵히 제 할 일부터 먼저 한다. 아무리 어렵고 더러운 일을 만나도 평상심을 잃지 않으니 득도한 게 아니고 무엇이란 말인가. 때로 아무 잘못도 없이 낯선 사람에게 짓밟히기도 하고 여러 사람으로부터 무시를 당하기도 한다. 부당하게 구석으로 처박히는 때도 있다. 그래도 녀석은 아무런 항의도 불평도 하지 않는다. 구약성서에 나오는 욥[3]이라 해도 이만할까?

어느 경우에도 불평하지 않고, 단 한 번도 낯을 찡그리는 법이 없으니 녀석의 존재를 잊어버리기도 한다. 내가 그랬

---

2) 논어, 자로 제23장

3) 욥: 사탄이 욥에게 재앙을 가져다주면 하나님을 욕하게 될 것인지 아닌지를 두고 하나님과 내기를 건다. 욥은 갖은 고난에도 불구하고 끝내 하나님에 대한 믿음을 버리지 않는다.

다. 하루도 거르지 않고 함께 하던 녀석을 어느 날 갑자기 뒷전으로 밀어 벌인 것이다. 싫증이 난 것도 아니고, 더 매력적인 녀석이 나타난 것도 아니었다. 고지식함에 질린 것은 더더욱 아니었다. 그저 함께할 일이 없어졌을 뿐이다. 그렇게 녀석은 내 기억 속에서 서서히 지워져 갔다.

오랜만에 작은 공간에 갇혀만 있던 녀석을 밝은 세상으로 나오게 했다. 가벼운 발걸음으로 목적지에 가까워졌을 때 갑자기 이상한 느낌이 들었다. 너무 오랜만에 함께하는 외출이라 어색해서 그런가 싶어 고개를 갸웃하며 주위를 살펴봤지만 원인을 찾을 수 없었다. 이상한 느낌은 발길을 옮길 때마다 점점 더 강해졌다. 다시 걸음을 멈추고 주변을 신중하게 살폈지만 여전히 눈에 띄는 것은 없었다.

목적지에 도착했다. 시간이 좀 남아 낯선 느낌이 어디에서 오는지 알아보려고 천천히 주변을 살폈다. 이런 맙소사! 녀석의 주변에서 피톨이 보였다. 깜짝 놀라 자세히 보니 녀석의 몸 여기저기에서 좁쌀보다 작은 알갱이들이 터져 나오고 있었다. 오는 동안 상처가 더 깊어진 게 분명한데 군소리 한마디 없었다. 행여 내게 폐라도 끼칠까 두려워 티를 내지 않은 모양이다. 바보 같으니…! 부랴부랴 상처 부위를 테이프로 임시조치하고 전문가에게 데려갔다.

전문가는 흔한 일이라며 "방법이 없어요. 포기하세요. 오랫동안 버려두면 이렇게 돼요."라고 말했다. 황당했다. 녀석을 홀대하지도, 험하게 다루지도 않고 그저 오랫동안 보지 않았을 뿐인데 이런 결과가 오다니…. 녀석은 작은 공간에 갇혀 지내며 내가 외면하는 이유를 몰라 속앓이를 했던가 보다. 속을 끓이느라 아무것도 감당할 수 없을 만큼 쇠약해져 있었는데 오랜만의 외출이 너무 기뻐 흥분했다가 피톨을 쏟아내며 산화한 게 틀림없다.

미안한 마음을 안고 돌아서는데 전문가의 말이 들려왔다. "오랫동안 신지 않고 놓아두면 밑창도 굽도 다 삭아서 부스러집니다. 어떤 구두라도 다 그래요." 아틀라스보다 더 믿음직스럽게 내 몸을 지탱해준 녀석에게 고맙다는 말도 하지 못했는데 영영 내 곁을 떠나 버렸다. 미안하다! 다음 생에는 좀 더 사려 깊은 주인을 만나 호강하렴.

(2019. 9. 3.)

저절로 멈추는 펜

백수 생활을 끝내고 출근한 첫날. 관리팀장이 다가와 이름을 한자로 써 달라고 요청했다. 한자 이름? 순간적으로 '요즘에도 명함에 들어가는 이름을 한자로 표기하나?' 하는 생각이 들어 조심스럽게 물었다. "한자 이름이 왜 필요하죠?" 그녀는 무덤덤한 목소리로 "결재용 도장을 주문하려고 합니다."라고 대답했다. 결재용 도장이라….

대학을 마치고 설렘 반, 두려움 반의 마음으로 첫 출근을 하던 날에도 직속 과장은 결재용 도장을 선물로 주었었다. 성은 빼고 이름만 한자로 새겨 넣은 기다란 도장이다. 과장은 사회에 첫발을 내디딘 것을 축하하며 회사에서도 승승장

구하길 바란다는 덕담도 곁들여 주었다. 그날부터 상당히 오랫동안 결재서류가 만들어지면 제일 먼저 그 도장이 찍혔다. 도장을 찍는 순서가 뒤로 미루어지고 마침내 도장 대신 서명을 하게 되면서 그 도장은 책상 서랍 속에서 뒹굴게 되었다. 많은 시간이 지나 회사를 그만두게 되었을 때, 서랍을 정리하다 나를 빤히 바라보던 도장을 발견했다. 그동안 소홀히 대했던 것이 미안하기도 하고, 월급쟁이의 시작을 함께 한 동지이기도 해서 집으로 가져왔다. 지금도 이 도장은 인감도장과 나란히 보관되어 있다.

관리팀장이 결재용 도장을 만드는 데 필요하다며 한자 이름을 알려 달라고 하는 말을 듣는 순간 그 도장이 생각났다. 40여 년 전에 만들어진 도장이니 골동품에 비견될 만한 해서 "그럴 필요 없어요. 집에 하나 있으니 그걸 다시 쓰지요."라고 대답했다. 어쩌면 회사생활의 첫발을 함께했던 도장에게 두 번째 출발도 함께할 기회를 주고 싶었는지도 모른다. 그녀는 내가 말하는 도장에 대해서는 충분히 상상됐는지 "그 도장은 불편하실 텐데요. 요즘은 결재용 양면 도장을 씁니다."라고 말하며 심드렁하게 돌아섰다. 그녀의 말인즉슨 이름이 새겨진 면은 결재할 때 쓰고, 성만 새겨 넣은 면은 확인할 때 쉽게 쓸 수 있다는 것이다. 대답을 듣고 쓴웃음을 지었다. 내 마음이 가볍게 무시당했다는 느낌과 함께 디지털 시대에 지극히 아날로그적인 결재방식을 쓰고 있다는 생각이 들었기 때문이다.

도장이 도착하자 두툼한 전표와 결재서류들이 기다렸다는 듯 책상 위에 나타났다. 의미를 알 수 없는 수많은 숫자를 보며 "저놈들이 도장밥을 기다렸단 말이지?" 하며 서류들을 뒤적여 보았다. 최근 몇 년 동안 접해보지 않았던 문자들을 다시 보자 비로소 회사에 출근했다는 것이 실감 났다. 다양한 감정이 담겨 있던 문자와 어울리다 냉정한 문자와 씨름하게 된 것이다. 그나저나 마지막으로 도장 찍어본 게 언제야?

낯선 숫자에, 낯선 용어 그리고 낯선 시스템에 버벅거리며 서류 검토를 끝내고 도장을 찍으려는 순간 문득 팔이 멈췄다. 옛 생각이 난 것이다. 결재를 위해 펜으로 서명하다 보면 펜이 저절로 멈춰서는 신공(神功)을 부릴 때가 있다. 그럴 때 억지로 펜을 나아가게 하면 반드시 탈이 난다. 도장으로 결재를 해도 이런 신공이 나타날까 하는 궁금증 때문에 팔이 저절로 멈춰 선 것이다.

회사생활 하는 내내 재무회계 업무만 담당했던 사람이 있었다. 그는 하루에 결재해야 할 전표나 서류가 엄청나므로 회계전표는 아랫사람을 믿고 결재할 수밖에 없다고 했다. 그의 말에 따르면 전표를 대강 살피며 사인하다 보면 어느 순간 펜이 멈추는 경우가 생긴다고 했다. 그럴 때 서류를 자세히 살피면 대부분은 업무 실수가 있거나 문제가 발견되곤 한다는 것이다. 그때는 그저 고개만 끄덕이며 들었다. 그의 말에 공감하게 된 것은 재무회계 책임자로 근무하게 되면서부터였다. 몇 년 동안 숫자와 씨름하고 났더니 어느 날 펜이 저절로 멈추는 신공이 나타난 것이다. 그때마다 서류를 자세히 살펴보면 어김없이 크고 작은 실수가 발견되곤 했다. 귀신이 붙은 건지 경험이 쌓인 건지….

회사에 다시 출근하면서 처음 며칠은 관리팀장이 마련해준 결재용 양면 도장을 썼다. 회사에 다니고 있다는 것을 실감나게 해준 영물이기도 하고 그동안 지니고 있던 결재용 도장과 매우 달라서 세월이 흘렀음을 일깨워주는 장비(?)이기도 했기 때문이다. 며칠이 지나자 결재서류에는 도장 대신 서명이 자리하기 시작했다. 부지불식간에 익숙한 방식으로 바뀐 것이다. 혹시 펜이 저절로 멈추는 신공도 되살아날까?

(2019. 11. 10.)

좋다 말았네!

서울의 9개 지하철 노선 중에서 가장 한가하다는 6호선. 이 열차도 출퇴근 시간에는 발 디딜 틈 없이 사람으로 북적인다. 집에서 회사까지 그리 멀지 않아 다행스럽기는 했지만 출근하면서 타고 내리는 역이 모두 환승역이어서 혼잡스럽기는 여느 노선 못지않았다.

퇴근 시간. “봉화산, 봉화산행 열차가 들어오고 있습니다.” 하는 안내방송과 함께 역에 도착한 열차. 출입문이 열리기가 무섭게 한 떼의 사람들이 우르르 내렸다. 열차 안에 남아 있는 사람들은 숨통이 트였다 하며 안도하는 표정이었다. 그것도 잠시. 내린 사람들 못지않은 사람들이 우르르 올라타자

분위기가 순식간에 원래 모습으로 돌아갔다. 한숨을 내쉬는 사람, 신음을 내는 사람 그리고 괴로운 듯 자세를 바꾸는 사람으로 소란스러워졌다. 그 틈바구니에 나도 끼어 몸부림을 친 끝에 겨우 숨 쉴 공간을 만들었다.

열차가 출발하자 관성의 법칙이 작용하며 사람들이 일제히 한쪽으로 쏠렸다가 제자리로 돌아왔다. 그 짧은 찰나를 이용해 조금 더 여유 있는 공간을 만들었다. 그래 봐야 오십 보 백 보지만…. 꼼짝할 수 없는 몸은 놔두고 고개만 돌려 주변을 살폈다. 하나같이 마스크 쓴 얼굴들이다. 코로나19가 가져온 새로운 풍속도다. 사람들이 모두 마스크를 쓰고 있어 마치 인류의 종말을 경고하는 공상과학영화 속에 들어와 있는 것 같은 착각마저 들었다.

몸을 조금씩 움직여 자세를 바로잡은 뒤 앞을 바라보다 젊은 여자 사람과 눈이 마주쳤다. 마스크를 쓰고 있어서 얼굴을 볼 수는 없지만, 눈빛으로 짐작건대 꽤 아름다운 여인일 것 같았다. 낯선 사람들끼리 눈을 마주치면 곧바로 다른 쪽으로 시선을 돌리기 마련인데 이 여자는 피하기는커녕 빤히 바라보고 있었다. 당황스럽기도 하고 부담스럽기도 해서 내가 먼저 시선을 돌렸다. 잠시 후 다시 앞을 보니 그녀는 여전히 나를 바라보고 있었다. '뭐야 이 묘한 분위기는? 나에게 반했나?' 이번에는 나도 그녀에게서 눈을 떼지 않은 채 생각했다. '마스크를 쓰고 있어서 내가 나이 든 남자라는 사실을 모르나? 혹시 내 눈빛에 반한 거야?' 묘한 흥분마저 들었다. 두근거리는 가슴을 애써 진정시키며 열차가 다음 역에 도착하기만 기다렸다.

'일각이 여삼추(一刻 如三秋)'라는 말은 바로 이런 때 쓰는 모양이다. 한 정거장을 가는 시간이 억겁이라도 되는 것처럼 길게 느껴졌다. 마침내 열차가 다음 역에 접근하기 시작했다. 그녀는 내게서 시선을 거두기는커녕 아예 간절한 표정을 지었다. 그뿐만이 아니었다. 무슨 말을 하려는 것처럼 입을 달싹거리기도 했다. 그녀의 애타는 마음에 반응하려는 입을 힘겹게 억누르며 속으로 말했다. '아무리 내가 매력적이어도 이처럼 혼잡한 곳에서 그런 눈으로 날 보면 당혹스럽잖아. 기다려. 곧 역에 도착하니 내려서 이야기하자구!' 마침내 열차가 역에 도착하고 문이 열리자 사람들이 우르르 내렸다. 그때 그녀가 조심스럽게 말했다. "아저씨, 발…." 무슨 말인지 몰라 멀뚱멀뚱하게 바라보자 그녀는 조금 더 용기를 내서 "아저씨, 발 좀 치워 주세요."라고 했다. 그 말을 듣고 아래를 보니 그녀의 백 팩에서 바닥으로 늘어진 끈을 밟고 있는 내 발이 보였다. 내가 끈을 밟고 있어서 내내 불편했던 모양이다. "미안해요!" 하며 부리나케 발을 옮기자 그녀는 열차에서 홀연히 사라졌다. (2020. 2. 29.)

있다 없으니까

출근길. 지하철이 역에 도착하자 한 무리의 사람들이 열차에서 쏟아졌다. 그 무리 속에 휩쓸려 한 층을 더 오르면 개찰구가 나온다. 이곳을 통과할 때마다 “환승입니다. 화, 화, 화 환승, 환승, 환승입니다.” 하는 소리가 들려온다. 원래는 “환승입니다.” 하는 맑고 고운 여성의 목소리였다. 이 소리가 버스에서 내려 지하철을 타려는 사람, 경전철에서 전철로 바꿔 타려는 사람들이 많아지면 “환승입니다.” 하는 소리가 미처 마무리되기도 전에 연이어 통과하는 사람들로 인해 숨 가쁘게 더듬는 소리로 바뀌는 것이다. 가끔은 “화 화 환승입니다.” 하는 소리가 “화 화 환장하겠네.” 하는 소리처럼 들릴 때도 있다. 하긴 사람이 종일 똑같은 말을 반복해야 한다면 견뎌낼 수 있을까?

에스컬레이터를 타고 다시 한 층을 오르면 눈앞에 빈 점포들이 을씨년스럽게 나타난다. 누군가가 한 번이라도 임차해서 장사했을까 하는 의문이 들게 하는 멀쩡한 점포들이다. 그 점포들 사이에 빈 곳이 있다. 시민들을 위해 비워놓은 것인지 아니면 어쩌다 그리되었는지는 모르지만 휑하니 비어있다. 그곳에 커다란 통나무를 숭덩숭덩 잘라 만든 간이 의자가 있다. 지름이 50센티는 족히 넘어 보이는 둥근 의자는 어떤 엉덩이라도 내려놓기에 부족하지 않을 만큼 넉넉했다. 그런 간이 의자 네 개가 제멋대로 놓여 있다.

매일 똑같은 풍경을 보며 무감각하게 출근하던 어느 날 젊은 남자가 그곳에 나타났다. 그는 익숙하게 간이 의자를 구석에 모아놓고 그중 하나에 백 팩을 내려놓았다. 곧이어 점포벽에 등을 대더니 또 다른 의자에 두 다리를 올려 무릎을 굽히고 얼굴을 묻었다. 특별할 것도 없는 사내가 만든 정물화 같은 풍경이 내게 가벼운 호기심을 불러왔다. '이렇게 추운 날씨에 잠들었다가 탈이라도 나면 어쩌려고….' 다음 날 아침 출근 시간. 그 남자는 이미 모든 채비를 마치고 무릎 사이에 얼굴을 묻고 있었다. 어제와 똑같은 복장을 하고 그다음 날도 또 그다음 날도…. 변화가 없는 일상이 새롭게 시작됐다.

새롭게 변한 일상이 반복되던 어느 날. 통나무 의자에는 아무도 앉아 있지 않았다. 그다음 날도 또 그다음 날도…. 젊은이가 보이지 않으니 아침 출근길에 꼭 있어야 할 뭔가를 잃은 것 같은 허전함이 들었다. 그에 관한 관심이 커진 것일까?

나하고 아무 상관도 없는 남자에게 관심을 두는 이유가 뭐람? 어제와 다르지 않은 오늘이 무료했나? 다시 며칠이 지났다. 습관처럼 통나무 의자 쪽을 바라보다 나도 모르게 미소를 지었다. 젊은 남자가 다시 나타난 것이다. 달라진 것이 있다면 무릎 사이에 얼굴을 묻고 자는 대신 핸드폰 삼매경에 빠져 있다는 사실이었다.

무기력했던 출근길에 자그마한 활기가 생겼다. 젊은 사내가 통나무 의자에 앉아 있을까, 아니면 없을까 하는 상상을 하게 된 것이다. 핸드폰을 보고 있을까, 아니면 졸고 있을까 하는 상상도 뒤를 이었다. 우습기도 하지. 그 사내가 있든 없든 그게 무슨 상관이라고….

아무튼, 남들에게 들키지 않은 은밀한 호기심을 품고 나니 출근길이 마냥 무료하지 않아서 좋다. 코로나19로 온 세상이 비상인데 마스크를 하지 않은 그 젊은이에게 마스크라도 선물할까?

(2020. 3. 28.)

Fade out
-노병은 사라질 뿐이다

"여기 하고 여기에 성함 쓰시고 도장 찍으시면 됩니다." 정중하게 말을 건네며 손가락으로 해당하는 곳을 짚어주자 그는 살짝 부자연스러운 손놀림으로 이름을 쓰고 도장을 찍었다. 마침내 모든 게 끝났다. 이제부터 그는 서서히 사람들의 기억에서 지워지겠지. 깡마른 몸에 세월이 남겨준 훈장을 얼굴 가득히 담고 그는 천천히 사방을 둘러보았다. 오랜 시간 집무실로 쓰던 곳이니 가구나 집기 하나하나에 손때 묻지 않은 곳이 없을 테고, 그의 숨길이 닿지 않은 공간이 없으리라. 만감이 교차하는 그의 표정을 보며 나도 숙연해졌다.

"내 나이가 올해로 여든둘인데…." 그가 잠시 말을 멈췄다.

인사자료를 통해 이미 알고 있는 사실이지만 본인의 입을 통해 숫자를 듣게 되니 새삼 놀라웠다. 창업주나 회사의 소유주가 아닌 사람이 80살이 넘도록 정규직으로 근무할 수 있는 회사가 또 있을까? 근무한 사람도 존경스럽고 그 나이가 되도록 직원을 품어주는 회사도 대단하다. "회장님 하고는 두 살 차이고… 형님, 아우 하면서 지내왔는데…." 나이 든 사람들이 종종 보이는 모습이 그에게서도 나타났다. 옛날이야기를 시작한 것이다. 사실 그와는 공식적인 관계만 있었을 뿐 사적인 대화를 해본 적이 없었다. 퇴직하는 날 처음이자 마지막으로 긴 대화를 하게 된 것이다. 그가 주로 얘기했고 나는 가끔 고개를 끄덕이거나 가벼운 추임새를 넣으며 듣기만 했다.

"기사 퇴직금 말인데… 줘야 해." 갑자기 화제가 바뀌었다. 퇴직연금이 적립되어 있으니 걱정하지 말라고 대답하자 그는 가볍게 고개를 끄덕이며 말했다. "난 말이야 27살 때부터 기사를 두고 살았어. 그래서 기사들에 대해 잘 알지." 27살? 그러면 금수저도 아니고 다이아몬드 수저라도 된단 말인가? 놀란 눈으로 그를 바라보자 그는 빙그레 웃으며 화려했던 시절의 이야기를 꺼냈다. 나는 새도 떨어뜨릴 정도의 권력을 누렸다면서 그의 인생에서 가장 자랑스러웠을, 아마도 죽는

날까지 기억해 두고 싶은 이야기들을 연이어 꺼냈다. 이야기하는 그의 얼굴에 행복한 미소가 피어올랐다. 기회만 되면 꺼내서 반추했을 삶에 대한 자부심이리라. 나는 이 이야기를 들은 몇 번째 사람일까?

그가 다시 화제를 돌려 본인의 퇴직금에 관한 이야기를 꺼냈다. 적립된 퇴직연금액을 알려주자 그는 눈빛에 섭섭함인지 의혹인지 가늠할 수 없는 의미를 담아 보냈다. '혹시 퇴직위로금을 이야기하고 싶은 걸까?' 싶어 간략하게 설명을 하자 그는 몇 마디 듣지 않고 다시 화제를 돌렸다. "내가 이 회사와 인연을 맺게 된 것은 말이야…." 이쯤에서 그의 이야기는 조금씩 두서가 없어지기 시작했다. 체력적으로 지치기도 했을 테고 젊었을 때와는 달리 총기도 많이 사그라진 탓일 것이다.

그가 천천히 자리에서 일어서며 엉거주춤한 자세로 주위를 돌아보다 벽에 걸린 그림에서 눈길을 멈추었다. "이 그림이 원래는 내 건데…." 그가 잠시 말을 멈추었다. "한 점밖에 없는 그림인데 값이 좀 나갈 거야. 잘 보관해 둬." 말을 마치고 그는 천천히 방을 나섰다.

사무실을 떠나면서 그는 직원들의 손을 하나하나 잡으며 마지막 인사를 나누었다. 내게 내민 손을 조심스럽게 맞잡자

주름진 그의 손에서 따스함이 전달되어 왔다. 짧은 시간 동안 압축된 베테랑의 값진 일생을 들으면서도 행여 무리한 요구라도 할까 봐 긴장했던 나의 옹졸함이 그의 따스한 손길에 사그라졌다. 옅은 미소를 띠며, 다 풀어내지 못한 미련을 가슴에 담고 그는 사라질 듯 사무실을 나갔다.

(2020. 4. 18.)

마지막 인연이길…

어느 이른 아침. 낯선 사내 수십 명이 굳은 얼굴로 회사 주변을 서성이고 있었다. 혹시 건설 계열사에 민원을 제기하려고 집단행동에 나선 사람들인가 하는 생각을 하며 건물 안으로 들어섰다. 당시 사옥에는 계열사들이 본사나 서울사무소를 두고 있었는데 건설회사의 본사도 입주해 있었다. 그 무렵 건설사는 주택사업을 시작한 지 얼마 되지 않은 때여서 서툰 일 처리 때문에 문제를 일으킨 것은 아닌가 하는 우려가 든 것이다.

건물 안으로 들어서니 로비에도 낯선 사내들이 서성이고 있었다. 그들의 태도를 보며 생각이 바뀌었다. 주택과 관련

한 민원을 제기하러 온 사람들은 아니라는 판단이 든 것이다. 고개를 갸웃하며 자리에 오니 내 책상 옆에도 굳은 표정의 사내가 있었다. 누구냐고, 무슨 일이냐고, 어디에서 온 사람이냐고 물어도 그는 아무런 반응을 보이지 않았다.

그들은 국세청에서 나온 조사관들이었다. 한 번도 겪어보지 못한 상황에 직원들은 숨도 제대로 쉬지 못했다. 누구보다 긴장한 사람은 나였다. 오랫동안의 숨 막히는 정적을 깨고 조사관들이 분주하게 직원들의 책상 서랍에서 서류를 꺼내 박스에 담고, PC에 저장된 자료들을 복사했다. 내 옆에 버티고 있던 사내도 불응하면 금고를 통째로 가져갈 수 있다는 으름장과 함께 책상 서랍과 금고를 열어 달라는 요구를 했다. 달리 방법이 없어 금고를 열었더니 순식간에 조사관의 얼굴에 환한 미소가 피어올랐다. 컴퓨터용 디스켓과 문서들이 쏟아져 나왔기 때문이다. 금고를 사이에 두고 그는 회심의 미소를 지었고 나는 쓰디쓴 표정을 지었다.

베테랑 조사관들의 송곳 같은 질문에 맞서 밤을 낮 삼아 대응 논리를 찾아가며 대차게 논박했다. 사안 하나하나가 매우 중요해서 필사적으로 방어해야 했고, 내가 검토하고 실행한 것들이어서 자존심이 걸린 문제이기도 했기 때문이다. 그렇게 미운 정, 고운 정을 쌓으며 조사를 받던 어느 날 조사관 한 명이 “이번 조사 끝나면 이사님 몸값이 2배쯤 뛸 겁니다.”라며 덕담인지 위로의 말인지 모를 말을 던졌다. 그의 말에 “몸값 2배는 기대도 하지 않으니 조사 끝나고 잘리게 되면 일자리나 주선하시오.” 하고 대꾸했다. 100여 일 가까운 세무조사가 끝났을 때 몸값이 2배로 뛰기는커녕 몸만 2배로 축이 났다.

세무조사의 여운이 채 가라앉기도 전에 같은 조사국에서 계열사에 조사를 나왔다. 표면적인 조사 내용은 단순했지만, 기업주와 관련된 것으로 자칫하면 감당하기 어려운 파문을 불러올 수도 있는 사안이었다. 어쩔 수 없이 관여했다. 이번에도 조사는 100일 가까이 지속했다. 조사 기간도 길었지만, 기업주와 얽힌 사안이 대부분이어서 정신적 부담은 더욱 가중됐다. 조사가 끝났을 때 이번에는 몸 대신 마음이 2배로 축났다.

계열사로 전보됐다. 몸과 마음이 모두 홀가분했다. 순조롭게 업무에 적응하고 나자 기다렸다는 듯이 국세청에서 정기 세무조사를 나왔다. 허 참! 내가 일복을 타고난 것인지 아니면 국세청과 나 사이에 특별한 인연이라도 있는 것인지…. 수시조사보다는 수월하다고 하지만 국세청 조사가 만만한 적이 있던가? 선방했다는 평은 받았지만, 마음은 더욱더 지쳐 있었다.

그룹에서 다국적 기업과 합작법인을 설립하면서 다시 한번 이동을 제안받았다. 외국인들과 근무한다는 것이 부담은 되었지만 묘한 흥분도 들어 제안을 받아들였다. 회사가 출범하면서 모기업이나 합작 상대와 논의할 일이 많이 생겼고 해외출장도 자주 나가는 등 한동안 무척 바빴다. 대신 노력한 만큼 성과도 나타났다. 모든 게 순조롭게 진행되자 마음이 편안해졌다. 이게 탈을 불러온 모양이다. 아니면 노는 꼴을 그냥 지켜보기 싫었던 누군가가 심술을 부렸던지…. 국세청에서 이전 가격 조사를 나왔다. 회사 이익을 해외로 부당하게 이전시켰는지 알아보려는 조사다. 참으로 질긴 인연이었다. 국세청은 합작 상대에게서 제품을 비정상적으로 비싸게 샀는지 아니면 과도하게 많은 기술료를 지급했는지를 따졌다. 조사는 무난하게 끝났지만, 회사생활에 진절머리가 났다.

회사를 떠나 몇 년 동안 바람처럼, 구름처럼 여행도 다니고 글쓰기 공부도 했다. 수필가로 등단도 했고, 소설도 두 편이나 썼다. 그러는 사이에 어쩌다 다시 신입사원이 되어 회사생활을 이어가게 됐다. 심술궂은 운명의 신은 내가 회사에 돌아오는 날을 손꼽아 기다렸던 모양이다. 갑자기 국세청 조사관들이 회사에 들이닥쳐 조사 통지서를 눈앞에 들이대며

협조를 요청했다. 기가 막혔지만, 팔자소관이려니 하며 입꼬리는 살짝 올리고 눈꼬리는 내려 웃는 표정을 지으며 그들을 대했다. 그들이 사무실을 떠날 때도 세상에서 가장 고분고분한 사람이라고 믿게 하려는 것처럼 웃음을 잃지 않았다. 그 웃음 뒤에 "이번이 너희들과의 인연도 마지막이야!"라는 절규를 담았다.

(2020. 7. 3.)

3

나의 사랑, 나의 가족

아~ 그래? 그렇구나!

올해는 영춘화(迎春花)가 필까? 몇 년 전 고향 집 울타리에 무성하게 자라고 있는 영춘화 몇 가지를 잘라다가 아파트 한쪽에 심었다. 매일 저녁 물을 주며 정성을 쏟았는데 어떤 개구쟁이 짓이었는지 모조리 뽑히고 짓밟혀 버렸다. 이듬해에 다시 몇 가지를 잘라다가 베란다 화분에 심어 뿌리를 내린 후 아파트 한쪽에 옮겨 심었다. 잘 자라는가 싶었는데 어느 심술궂은 인사의 소행이었는지 뿌리째 뽑혀 나뒹굴고 있었다.

매년 봄마다 영춘화 심기를 다섯 번, 마침내 아파트 한쪽에 영춘화가 자기 자리를 잡았다. 뿌리를 내리고 난 뒤 겨울을 무사히 견뎌내었으니 이제 남은 것은 꽃을 피우는 일만 남았다. 입춘이 지나고 남녘으로부터 꽃소식이 들려올 즈음부터 영춘화가 심어진 곳을 수시로 오가며 꽃이 피었는지 살펴보는 게 비밀스러운 즐거움이 되었다. 마침내 3월 초 어느 날 딱 한 송이가 피었다. 다른 어느 꽃보다도 먼저, 한기가 채 가시지 않았는데도 개나리와 똑같이 생겼지만 조금 작은 노란 꽃이 피었다.

아내에게 영춘화가 피었더란 말을 했더니 뛸 듯이 기뻐한다. 그동안 내색은 안 했지만 매년 심어 놓은 영춘화가 망가지는 것을 보며 마음속으로는 몹시 가슴 아파했던 모양이다. '꽃을 피워내기가 무척이나 힘이 들었나? 이제 영춘화가 만발하겠구나' 하는 기대를 저버리고 피었던 한 송이마저 떨어지더니 푸른 잎들이 자라 오른다.

오랜 산고 끝에 피었다가 홀연히 사라진 영춘화 한 송이. '나는 일찍 가지만 꽃바람은 남겨 두고 가겠습니다.'라고 미안해하기라도 하듯이 아파트 단지 곳곳에 목련이며, 개나리며, 벚꽃 등속을 만개시켜 놓았다. 눈을 들면 벚꽃들이 하늘거리고, 길을 가다 보면 개나리가 반기고, 멀리 산을 바라보면 진달래가 손짓한다. 이런 날 집에 있으면 새봄에게 죄를 짓는 것 같아 봄볕을 따라 길을 나선다. 조금은 차가운 바람을 맞으며 중랑천을 따라 걷기도 하고, 장안동 뚝방길에 만개한 벚꽃 터널을 지나며 꽃비를 맞아 보기도 한다. 그렇게 꽃향기에 취하고 봄기운에 젖어 나른한 낮잠을 즐기다 보면 두보가 노래한 술 취한 여덟 신선만 못할까? 아니면 신선놀음이 이보다 더 부러울까?

때 이른 봄이 온기를 뿌려대면서 전국 방방곡곡이 온통 꽃 축제로 북새통을 이루고 있다. 그런데 계절이 언제 한번 비켜 간 적이 있던가? 어김없이 심술을 부리는 꽃샘추위가 기승을 부리던 주말, 아내가 벚꽃과 진달래가 화사한 '북서울 꿈의 숲'으로 꽃구경 가자고 한다.

"좋지!" 콧소리를 흥흥거리며 집을 나서려는데 아내가 얼굴에 로션을 바르라고 한다. 괜찮다고 했더니 '봄볕에는 며느리를 밭일 내보낸다.'고. 하는 말이 있듯이 봄 햇볕이 따가우니 피부보호를 위해 로션을 바르라고 다시 재촉한다. 말꼬리를 잡았다. 가을볕이 봄볕보다 더 따가워서 며느리는 가을볕에 밭일 내보내는 거라고 반박했다. 봄볕이니, 가을볕이니 옥신각신하다 진 사람이 이긴 사람의 다리를 주물러 주는 내기를 하기로 했다.

확인을 해보니 봄볕이 맞다. 꼼짝없이 아내의 두 다리를 마사지하게 생겼다. '내가 틀렸다고? 아니야 인터넷에 잘못

된 정보가 올라온 걸 거야' 결과에 승복하지 않으려고 바동거려 보지만 어찌하겠는가.

별로 중요하지 않은 내기였지만, 아내와 겨룬 내기에 졌다는 사실이 어쨌든 유쾌한 일은 아니다. 비록 잡학이라고 하더라도 내가 틀렸다는 사실은 심사를 편치 않게 만든다. 혹시 다른 말이 있을까 해서 인터넷 여기저기를 찾아 헤매어 봤다. 매사가 그랬다. 상대가 옳은 말을 해도 말꼬리라도 잡아 무슨 말이 든 해야 직성이 풀리는 그런 못난 습관이 있다. 어떻게 해서라도 상대방을 이겨 보려는, 아니면 내가 똑똑하다는 것을 나타내 보려는 호승심이 시도 때도 없이 고개를 디미는 것이다. 그러다 보니 아내와 대화를 하다 보면 "참! 말 밉게 해!"라는 말을 더러 듣게 된다. 이럴 때면 이런 말을 하는 아내가 미워진다. "내가 언제 말을 밉게 했다고…." 젊어서는 이런 말들을 모두 지청구쯤으로 치부하여 흘려버렸었다.

얼마 전에 아내가 좋은 말이 있다며 자주 써 보라고 알려준다. 나이 든 사람이 밖에 나가서 말을 밉게 하지 말라며 상대방이 내 생각과 다른 말을 하더라도 부정하거나 반박하지 말고 "아! 그래?" 혹은 "그렇구나!" 하며 무조건 긍정적인 대답을 해보라는 것이다. 마누라 말을 잘 들으면 자다가도 떡을 얻어먹는다는 말도 있는데 친구와 대화를 하면서 의식적으로 이 말을 써 보았다. 친구가 놀란다. 아주 효과가 만점이다. "어? 너 왜 그래?" 하면서도 싫지 않은 표정을 보이는 것이다. 미처 예상하지 못한 친구의 반응을 보면서 이 간단한 표현이 담고 있는 위력에 나도 놀랐다. 진작에 바꿀걸. 그랬더라면 내 인생도 얼마간 바뀌지 않았겠어? 한동안 의식적으로 이런 태도를 유지하려고 노력을 했다.

문제는 오랜 세월 동안 몸에 밴 습관이 쉽사리 바뀌지 않더라는 점이다. 어느 순간 여전히 상대방의 말꼬투리를 잡거나, 제 주장을 우기는 버릇이 나타나곤 하는 것이다. 습관을 바꾸는 것이 이토록 어려운 일이던가? 그래도 바꿔야지! 암 바꿔야 하고말고. 이제 다시는 "봄볕에는 딸에게 밭일을 시키고, 가을볕에는 며느리에게 밭일시킨다니까!"라고 우기는 일은 없을 것이다.

(2014. 4. 7.)

이상한 세계의 아인슈타인

한 해를 마무리 지으면서 몇몇 친구들과 송년회를 했다. 식사를 마치고 기분이 좋아져서 노래방으로 자리를 옮겼다. 노래방에서도 한참 흥이 올라 있는데 문득 전화기를 확인해 보고 싶어졌다. 벨 소리를 들은 것도 아니고 누군가가 전화를 걸어 오기로 약속한 것도 아닌데 나도 모르게 전화기에 마음이 쓰였다.

전화기에는 매제에게서 온 부재중 전화표시가 뚜렷이 남아 있었다. 불안한 예감을 안고 전화를 하려는데 때마침 어머니로부터 전화가 왔다. "무슨 일이 났구나!" 하며 전화를 받는데 전화기 너머로 어머니의 흐느낌과 함께 여동생이 실신해서 응급실로 실려 갔다는 말이 들려왔다. 뇌출혈로 인해 의식을 잃은 여동생은 다섯 시간이 넘는 숨가쁜 수술을 마치고 중환자실로 옮겨졌다. 집도의로부터 수술이 잘 되었다는 설명을 듣고 안도의 한숨을 쉬기는 했지만, 후유증을 피할 수 없다는 말에는 가슴이 묵직해졌다. 마취에서조차 깨어나지 못한 녀석을 중환자실에 남겨 두고 집으로 돌아오는데 까닭 없는 눈물이 눈가를 적시고 깊은 한숨이 주변의 적막함을 흔들었다.

밤을 꼬박 새운 탓인지 몸이 물먹은 솜처럼 천근만근 무거웠다. 새벽녘에 잠자리에 누웠지만 정신이 말똥말똥한 것이 좀처럼 잠을 허락하지 않을 기세다. 그렇게 한동안 뒤척이다가 깊이를 알 수 없는 맑고 투명한 심연 속으로 빨려들 듯이 잠이 들었다. 잠이 들면서 받은 그 느낌, 어딘지 모르는 곳으로 한없이 걸어가는 것 같기도 하고 알 수 없는 어떤 힘에 끌려가는 듯한, 그 느낌을 뿌리치려는 듯 몸부림치며 몇 시간 동안 정신없이 잠을 잤다.

다음 날 다시 찾은 중환자실에서 녀석은 눈을 살며시 떠 보였다. 병원 측 설명으로는 의식이 돌아오기까지 꽤 오랜 시간이 걸릴 것이라고 했는데 혹시 잘못 본 것은 아닐까? 아니면 무의식 속에서도 익숙한 음성들에 반응을 보인 것일까?

어떤 경우든 눈을 떠 보였다는 사실에 눈물이 핑 돌았다. "그래 힘내라. 힘내서 이 어려움을 이겨내고 가족들 품으로 돌아오너라." 의사는 의식이 깨어나지 못할 수도 있다고 했는데 이는 나중에 자기네들 책임을 피하려고 하는 말로 치부했다.

진시황은 영원히 살고 싶어서 불사약을 구해 오라고 천하 각처에 사람을 보냈지만 뜻을 이루지 못했다. 최근에는 생명윤리 문제까지 불러일으키며 오래 살고 싶은 욕망을 채우려 줄기세포 연구가 활발하게 이루어지고 있다. 그러고 보면 예나 지금이나 죽지 않고 오래오래 살고 싶은 인간들의 욕망은 변함이 없는가 보다. 죽으면 그 뒤에 어떻게 될지 아무도 알지 못하니 더 그런가 보다. 그러다 보니 별별 사람이 다 나타났다. 죽었다 살아났다는 사람, 유체이탈을 경험해 봤다는 사람, 사후세계를 보고 왔다는 사람 등등 가지가지다.

이런 사람들 가운데 18세기 과학자였던 임마누엘 스웨덴보그는 수십 년간 영계 즉, 사후세계를 다녀왔다고 주장하며 『나는 영계를 다녀왔다』라는 책을 남기기도 했다. 대부분 사람은 겪어보지 않은 일이니 그 말이 맞는지 아무도 모른다. 아니 죽음에 대한 두려움 때문에 이런 얘기들에 더욱 관심을 두고 믿고 싶어 하는지도 모른다.

이런 사람들의 마음을 어루만져 주기라도 하는 것처럼 모든 종교는 사후세계를 갖고 있다. 착하게 살다 죽으면 천당이나 천국으로 간다고 하고, 악하게 살다 죽으면 지옥에 간다고 가르친다. 부활을 얘기하고, 윤회를 얘기하기도 한다. 참으로 공교롭다. 이곳과 다른 세계가 있다고 너나없이 가르치고, 죽었다가도 때로는 이 세상으로 다시 돌아온다고 가르친다. 종교는 죽음이 모든 것의 끝이 아니라고 가르치고 있다.

종교뿐만이 아니다. 미국의 생명공학기업 어드밴스트 셀 테크놀로지(ACT)의 최고책임자이자 의학박사 겸 과학자인 로버트 란자 박사는 '죽음은 존재하지 않는다.'라는 이론을 제기하고 있다. 아인슈타인도 먼저 사망한 베소라는 친구를 향해 "나보다 조금 앞서 이 이상한 세계를 떠났군."이라고 말했다고 한다. 마치 지구 이외의 다른 세상에 대해 이미 알고 있었던 것처럼 말이다. 그래서 그는 이곳 지구에서 살아가는 동안 죽음 따위는 두려워하지도 않고, 다른 세상에서 가져온 지식을 아낌없이 지구에 남겨주고 또 다른 세상으로 떠나간 것은 아닐까? 어찌 됐든 끝없는 우주에서 영원히 죽지 않고 여러 세상을 여행하며 산다고 생각하면 상상만 해도 재미있다.

정말로 죽음은 없을까? 모든 종교는 사후에 다른 세계가 있다고 가르치고, 현대 과학도 죽음이 모든 것의 끝이 아니라는 주장을 조심스럽게 하고 있다. 정말로 아인슈타인이 암시한 것처럼 이곳 말고 또 다른 세상이 있다면 살고 죽는 것이 그토록 중요할까? 그냥 그곳으로 옮겨 가면 되는데 죽는다는 것이 무에 두렵겠는가? 오히려 언제 또 이 지구에서 이 모습으로 살아가게 될지 모르니 이 세상에 있는 동안 여한 없이 살아 봐야 하지 않을까? 그렇게 열심히 살고 나서 다른 미지의 세계로 즐거운 여행을 떠나고, 그곳에서 그리운 사람을 다시 만나면 더욱 좋고….

남매의 연(緣)이 질길까 아니면 부부의 연이 질길까? 경제적으로 여유가 없는데도 매제는 의식이 돌아오지 않는 동생의 손을 놓아 주지 않는다. 고마운 사람이다. 그런 사람을 뒤로하고 마음속으로 독한 말을 뱉어 본다.

"이제 가야 할 곳으로 조용히 떠나가렴…."

(2014. 4. 28.)

주인 없는 방

"올해는 내 생일 하지 마." 구정을 마치고 귀경하려는데 어머니가 툭 하고 한 마디 던졌다. "워째 그러슈?" 하고 물었더니 "늙었는데 뭣할라구 생일을 햐? 그리고 니들도 다녀가려면 힘들잖여. 그러니께 올부터는 내 생일 챙기지 마." 하고 대답한다. 노인네 심정에 무슨 변화라도 생겼나 걱정이 되어 가만히 얼굴을 살펴봐도 특별히 이상한 것은 보이지 않았다. "내가 알아서 헐팅게 신경 끄슈." 하고 대답하니 "하지 말라니께!" 하고 역정 내듯 말한다. "알았슈. 담에 다시 얘기헙시다." 아직 시일도 남아 있고 해서 대충 이야기를 마무리 짓고 서울로 올라왔다.

3월 초에 부여에 다니러 가니 또다시 생일 준비하지 말라는 말을 꺼낸다. 의례적인 이야기 같기도 하고 무슨 이유가 있는 것 같기도 한데 당최 감이 잡히지 않았다. 며칠 후 안부 전화를 하며 "이번 어머니 생일에 큰외삼촌댁에 연락혀서 식사나 같이하자고 합시다." 하고 제안했더니 새로운 제안이 맘에 들었는지 이번에는 "그럼 니가 알아서 햐." 하고 대답한다.

큰외삼촌은 종갓집 종손이었다. 큰 부자는 아니지만 제법 사는 중농(中農)은 되어 어려서부터 아쉬울 것 없이 자랐다고 했다. 하지만 큰외삼촌은 농사일에는 관심을 보이지 않고 사업을 한다며 논밭을 조금씩 팔기 시작했다. 이것도 미다스(?)의 손이라고 해야 하나? 큰외삼촌이 손대는 사업은 어김없이 실패로 끝나 다른 사람 배만 불려줬다. 형편이 어려워진 큰외삼촌은 아버지에게 기대어 살았는데 몇 년 전 아버지가 돌아가신 뒤에 어머니와 갈등이 생기더니 마침내 왕래마저 끊기고 말았다.

며칠 뒤에 어머니가 전화를 걸어와 "큰외삼촌댁에서 뭐라고 햐?" 하고 물었다 "오신답니다." 하고 대답하니 "그려? 잘됐다."하고 대답하는 어머니의 목소리에서 생기가 느껴졌다. 형제간에 왕래 없이 몇 년을 살면서 마음고생을 했었는데 풀릴 기미가 보여 기분이 좋아진 듯했다. "큰외삼촌댁에서 오신다니께 둘째 외삼촌댁도 초대헙시다." 하고 제안하니 "니가 알아서 햐." 하는 대답이 돌아왔다. 그날 오후 어머니는 다시 전화를 걸어와 "도우미도 오라고 했어." 한다. 이게 갑자기 무슨 뚱딴지같은 소리인가 싶어 "도우미가 뭐라고 해유?" 하고 물었더니 "디게 좋아 햐." 한다. 처음과는 달리 어머니는 집으로 방문하는 요양보호사마저 초대하는 등 들뜬 마음으로 생일을 기다리고 있었다.

그 뒤 안부 전화를 했을 때였다. 전화선을 통해 들어오는 어머니의 목소리에 힘이 없었다. "무슨 일이 있어유?" 하고 물으니 "산책하러 나갔다가 넘어져서 얼굴을 갈았어." 하고 대답한다. 넘어져서 얼굴을 '다쳤다'라는 표현을 '갈았다'라는 말로 대신한 것이다. 전에는 쓰지 않던 거친 표현이어서 다시 물었더니 그제야 넘어져서 얼굴과 손을 다쳤다고 대답했다. 그러면서 "내 생일날 초대할 사람들에게 내가 전화할 수 없으니께 니가 전화혀." 한다. "그건 걱정마슈. 그런디 병원에는 댕겨왔슈?" 하고 물으니 걱정하지 말라는 대답이 돌아왔다. 사실 전화로 느껴지는 어머니의 감정은 시시각각 변화가 심했고 표현도 거칠어지고 있었다. 그런데다가 다리에 힘이 빠져 걷는 게 부담스럽다고 하니 걱정하지 말란다고 걱정 안 할 수 있겠는가? 통화를 마치고 나니 온갖 상상이 머릿속을 가득 채웠다.

생일날, 3남 2녀인 어머니의 형제들이 모두 모였다. 5남매가 모두 모인 건 상당히 오랜만의 일이어서 서먹한 분위기라도 생길까 걱정했는데 모두 감회가 새로웠는지 사뭇 들떠 있었다. 역시 핏줄이었다. 쌀쌀한 봄밤이 깊어갔지만, 이제 다시 논산으로 대전으로 떠나야 할 시간이 되었지만 5남매의 이야기는 끝이 보이지 않았다. 둘째 외숙모가 “김 서방네 잔치네. 잘 먹었어!” 하는 소리를 하지 않았더라면 밤을 새웠을지도 모르겠다.

집에 돌아오니 어머니가 흥분된 마음을 주체하지 못하는 것 같았다. 밤이 깊었는데, 이미 잠자리에 들었어야 하는 시간인데 거실을 떠나지 못했다. 잠이 오지 않는다며 자꾸 말을 걸어오더니 평소보다 훨씬 늦은 시간에 잠자리에 들었다. 날이 밝았다. 생일날 에너지를 지나치게 소비한 탓이었을까? 어머니의 몸 상태나 감성이 밤사이에 천양지차로 바뀌었다. 기운이 하나도 없고 표정도 우울해 보였다. 그러면서 “어제는 니가 정말 수고혔다. 내가 꼭 하려고 했던 것 중 하나는 어제 혔고 이제는 하나만 남았다.”라고 이야기한다. “그게 뭔데유?” 하고 물으니 “나중에 얘기헐께. 지금은 다 잊어버렸어.”라고 조금은 짜증스럽게 대답한다. 기억력이 떨어진 걸까 아니면 대답을 안 하는 걸까? 감정의 기복이 나날이 커지는 것 같았다.

오래전부터 집을 넓혀서 이사할 때 방 하나를 여분으로 마련했다. 아버지는 집을 두고 사치 부린다며 역정을 냈다. 그 뒤에도 이사할 때마다 방 하나를 여전히 여분으로 두었다. 또 다시 이사하던 날 시골에서 올라온 아버지는 심사가 불편했었나 보다. 집을 휘휘 둘러보더니 빈방을 보며 무슨 용도로 쓰려고 하는지 물었다. 더는 이야기를 미뤄둘 수 없어 부모님들의 건강이 여의치 않을 때, 아니면 같이 살고 싶어질 때면 언제든 올 수 있도록 준비한 것이라고 대답을 했다. 당신들의 방이라는 생각에 마음이 바뀐 것이었을까? 서울 왕래가 조금은 더 잦아진 것 같았다. 하지만 방 주인은 여전히 없다.

아버지가 유명을 달리한 뒤 시골에서 혼자 생활하는 어머니의 건강이 예전 같지 않아 같은 공간에서 누군가가 같이 있어야 할 때가 된 듯싶다. 요즘 세태는 노부모 봉양이 며느리 몫이 아니고 아들 몫이라는데 그 준비를 해야 할 때가 된 모양이다. 그래서 하루도 거르지 않고 청소해 둔 방이지만 언제라도 주인을 맞을 수 있도록 다시 한번 구석구석 쓸고 닦으며 "올해는 내 생일 하지 마." 하는 말을 내년에도 듣기를 기대해 본다.

(2017. 3. 26.)

흔적

낯설다. 전과는 분명히 뭔가가 달라졌다. 고향 집 대문을 지나 2층에 있는 거실로 올라가면서 어색함 때문에 고개를 갸웃갸웃하고 있었지만 낯선 느낌이 어디에서 오는지 알아채지 못했다. 어머니는 내 인사를 받고 나서 한 첫 마디가 '그 눔 참 싸가지없어.'였다. 밑도 끝도 없이 누군가에게 욕부터 했다. 어머니를 화나게 한 '싸가지없는 놈'은 마당 한쪽에 있는 감나무를 밑동부터 잘라 버린 사람이었다. 그제야 나를 그토록 낯설게 한 것도 바로 이것이었구나 하고 알아챘다. 보기 좋은 나무는 아니었지만 한 해 걸러 흐드러지게 감을 달고 있던 나무였다. 때로 풍성한 감을 따는 재미를 주기도 했고, 때로는 옆집 베란다까지 뻗은 가지 때문에 이웃집의 불평을 듣게 하기도 한 나무였다. 그런 감나무가 갑자기 사라져 버린 것이다. 감나무뿐만이 아니었다. 화단 곳곳에 있던 나무들도 비슷한 꼴을 당했다. 낯설다고 느꼈던 그 감정은 분노로 바뀌더니 나중에는 체념과 함께 주저앉아 버렸다.
"그 친구 그렇게 안 봤는데 진짜 싸가지없네!"

아버지는 맨주먹으로 부여에 나와 서점을 시작했다. 가진 게 없다 보니 매일 오전 20여 Km 떨어진 논산에 가서 다음 날 오전까지 팔 책 두세 박스를 자전거에 실어 왔는데, 다행히(?) 책이 잘 팔린 날은 하루에 논산을 두 번 다녀오기도 했다. 그러다가 자전거가 넘어져서 다치기도 하고, 눈이 오는 날은 짐이 실린 자전거를 끌고 걸어서 집에 오기도 하며 가족들을 먹여 살리려고 애를 썼다. 그렇게 십수 년을 노력한 끝에 지은 집이었다.

그 집에는 아버지의 땀과 꿈이 고스란히 녹아들어 있었다. 집을 지으면서 2층에 멋진 서재도 마련하여 언제든지 친구분들이 찾아와 놀 수 있게 하였다. 덕택에 나와 동생들은 담배 심부름을 참으로 많이도 했다. 건물 외관과 화단에도 적지 않은 투자를 했다. 화단을 만들기 위해 돈을 쓰는 게 흔치 않았던 시절에 아버지는 큰돈을 들여 조경석과 나무를 구입하여 화단을 꾸몄다. 그렇게 공을 들여 지은 덕택에 예쁜 집으로 소문이 나서 우리 집을 배경으로 외국인 여행객들이 기념사진을 찍기도 했다.

세월에 장사가 없다더니 우리집도 낡은 티를 보이기 시작했다. 아버지는 나이가 들고, 자식들은 객지에 나가 있어 집 관리가 소홀해지면서 정원이 제일 먼저 아름다움을 잃기 시작했다. 필요에 따라 건물 여기저기에 손을 대다 보니 처음의 그 모습은 간데없고 어디서나 볼 수 있는 그런 집이 되어 버렸다. 멋지고 예뻤던 집이 낡고 평범한 집이 되어 버린 것이다.

아버지가 지병으로 가족의 곁을 영영 떠나고 어머니 혼자 남게 되면서 집을 처분하기로 했다. 우리의 추억이 남아 있고, 부모님의 청춘과 땀이 배어 있는 집을 팔기로 하니 아직 팔린 것이 아닌데도 불구하고 섭섭한 마음이 앞섰다. 그래서였을까? 집값을 흥정하려 드는 사람에게는 말도 붙이지 못하게 했다. 그저 우리가 팔려는 가격에 살 사람이 나타나기만 기다렸다. 그렇게 몇 년이 지나더니 다짜고짜 현금을 들고 와서 사겠다는 사람이 나타났다.

집을 팔고 잔금까지 받았지만 이사 날짜가 맞지 않아 4일을 더 살다가 이사하게 됐다. 그런데 집을 산 사람이 잔금을 치른 다음 날 감나무를 베어 버렸다. 그뿐만 아니라 작은 관상목들도 마구 베어 버렸다. 나는 나무가 완전히 잘린 다음에야 고향 집에 가서 봤지만 어머니는 나무가 잘려나가는 모습을 지켜보았던가 보다. 사지육신이 잘리는 것 같은 느낌을 받았다며 "그눔 참 싸가지없어. 우리가 이사 간 다음에 잘라도 되잖여. 뭐가 그리 급하다고 자르고 지랄이여." 매우 섭섭했나 보다. 평소 욕을 하지 않던 어머니가 거친 말을 한다. "그래도 대추나무는 안 볐어. 내가 가을에 따러 온다고 했거든." 그 덕택에 '참' 싸가지없던 눔이 '그냥' 싸가지없는 눔이 되었다. 사실 그 대추나무도 보통은 넘는다. 약간 과장되게 말하면 대추가 어지간한 사과만큼이나 컸다. 대추가 워낙 크다 보니 지나가던 사람들이 담장 너머로 손을 뻗어 대추를 따려고 안간힘을 쓰거나 우리 식구 누군가와 눈이 마주치면 대추 하나만 달라고 부탁하기도 했었다.

그가 어떤 마음으로 정원의 나무들을 베었는지는 모르겠다. 그 나무들과 함께 우리 식구들의 살아온 모습도 추억과 흔적도 지워졌다는 것을 그가 알까? 이사를 마치고 짐을 정리하다 오래된 사진들을 보게 되었다. 교복을 입고 정원에서 무게 잡고 찍은 사진이며, 가족들과 함께 나무들을 배경으로 찍은 사진들이 제법 있었다. "그래 이게 우리집이었지. 그냥 집을 지킬 걸 괜히 팔았어!" 하는 소리가 입술 사이로 신음처럼 새어 나왔다. 그나저나 아버지한테 죄지은 기분이 들게 하는 그 집 앞으로 발길이 향하기나 할는지 모르겠다.

(2014. 7. 3.)

하마터면

폭염경보가 내려진 7월의 어느 날 정오 무렵. 어머니가 "나 경로당에 갔다 올게." 하며 집을 나섰다. 가만히 앉아 있어도 땀이 줄줄 흐르는 날씨에 긴 소매의 바람막이를 입고 반말은 됨직한 강낭콩이 담긴 쇼핑백을 들었다. "이 시간에 경로당에는 왜 가시는데요?" 하고 묻자 4시에 에어로빅 선생님이 오시기 때문에 미리 가서 기다려야 한다는 것이다.

"콩은 뭐 하게?" 하니 "총무 주려고." 하고 대답한다.

집에서 경로당까지는 어머니 걸음으로도 10분이 안 걸리는 가까운 거리였지만 폭염경보가 내린 날씨에 무거운 콩을 들고 길을 나서는 것은 온당치 않았다. 점심시간이라 사람이 나와 있는 것은 고사하고 문도 안 열었을 테니 헛걸음하기 십상이기도 했다. 점심 드시고 3시 넘어가라고 했지만 막무가내였다. 터무니없이 고집을 부리니 나도 모르게 욱하고 화가 치밀어 심한 소리를 하고 말았다. 그 소리에 어머니도 화가 났는지 더 고집을 부렸다. 한동안 달래기도 하고 화도 내봤지만 고집을 꺾을 수 없어 차로 어머니를 모시고 경로당에 갔다. 예상했던 대로 경로당 문은 단단하게 잠겨 있었다.

시간은 1시를 향해 가고 있었다. 점심을 해결해야 했다. 마음 상한 어머니를 달래 식당으로 갔다. 어머니는 두어 번 젓가락질하더니 갑자기 밖으로 나갔다. 당황해서 어머니의 소지품을 챙겨 들고 부리나케 따라나섰더니 망연한 표정으로 식당 앞에서 서성이고 있었다.

어머니를 달래 차에 오르게 한 뒤 "무량사 갑시다." 하고 말을 건네니 "그곳엔 왜 가?" 하고 퉁명스러운 대답이 돌아왔다. "그냥 바람이나 쐬다 오게." 하고 대답하자 드디어 말문이 터졌는지 마구 이야기를 쏟아내기 시작했다. "어떤 놈이 주모를 해서 나를 절에다 팔아먹었어?" 몹시 분개한 목소리였다. 미처 대답하기도 전에 "도대체 어떤 놈이 나를 이렇게 만든 거여? 아침부터 여러 중이 번갈아 나와 염불을 하고 시끄럽게 구느냐 말이여?" 하며 언성을 높였다. 오랫동안 불심(佛心)을 키워온 어머니를 위해 TV에 켜짐을 설정하면서 불교방송이 나오도록 했는데 이것을 트집 잡은 것이다.

문득 저렇게 분노하다 운전하는 나에게 상해를 입히려고 달려들지는 않을까 하는 두려움에 차의 속도도 줄였다. 잠시 후 주제가 바뀌었다. “지난번에는 내가 낳지도 않은 딸을 낳아 길렀다고 하더니 이게 뭐여? 사람을 왜 이렇게 만드느냔 말이여?” 하며 다시 언성을 높였다. 두 달 전, 미국에 사는 여동생이 어머니를 찾아오자 처음에는 무척 반기더니 갑자기 내 딸이 아니라고, 누군지 모르는 여자를 왜 내 딸이라고 하느냐며 역정을 냈었다.

여동생이 미국으로 돌아간 지 한 달이 돼 가는데 다시 그 이야기를 꺼낸 것이다. 내가 어머니의 말에 아무 반응을 안 보이자 사람 무시한다며 역정이었다. 왜 아무 말도 하지 않느냐고 화를 내며 내 얼굴을 빤히 바라보다 돌아가신 아버지로 착각하고 어디 갔다가 이제 왔느냐고 따졌다. 또 숙부로 착각하고 왜 왔느냐고 묻기도 했다. 덕택에 나는 둔갑술을 하는 초능력자가 되었다.

보건소의 복지사가 어머니는 그 나름의 세계에서 살고 계시니 그대로 받아들이라고 조언했다. 그 말이 맞을 거라고 수긍하면서도 마음으로 받아들이기는 쉽지 않았다. 복지사는 정신이 온전한 사람들이 이해하고 달래며 살아야 하지 않겠느냐고 위로도 했다. 그 또한 겉도는 조언이었다. 무량사까지 가는 20여 분 동안 어머니는 수없이 많은 대못을 내 가슴에 박았다. 마치 가슴에서 피가 철철 흐르는 것을 기다리기라도 하는 것처럼 박고 또 박았다. 한참 동안 독한 말을 쏟아내던 어머니의 태도는 무량사에 가까워지면서 조금씩 바뀌었다.

처음에는 "절에 가도 부처님한테 인사 안 혀." 하더니 "부처님한테 큰절 안 하고 반절할 거야." 하고 누그러졌다. 무량사에 도착했다. 어머니는 곧장 극락전에 들어 불전함에 시주하고 절을 올리기 시작했다. 정성껏 불공을 드리고 난 어머니의 표정은 매우 부드러웠다. "하고 싶은 얘기를 모두 부처님께 하고 나니 속이 시원하세요?" 하고 물었더니 "개운 햐!" 하며 만족스러워했다.

무량사에 있는 여러 전각을 모두 돌아보고 나오다 템플스테이를 광고하는 플래카드를 봤다. 그곳에는 '하마터면 미워할 뻔했습니다. 용서'라는 문구가 쓰여 있었다. 플래카드를 보며 '하마터면…, 하마터면….' 하고 한참을 속으로 되뇌다 조용히 돌아섰다. 하마터면 쏟아지는 눈물을 어머니에게 보일 뻔했다.

(2018. 7. 14.)

아직 절반도 안 지났네

'부르르' 하고 울리는 핸드폰 진동이 허리춤을 움찔하게 했다. '결혼기념일'을 저장해 둔 캘린더 앱이 알람을 울린 것이다. 한 여자와 티격태격, 알콩달콩 살아온 세월이 어느덧 30년 하고도 4년이 지났다는 신호이기도 했다.

어느 해 봄날, 고향 후배의 주선으로 한 여자를 만났다. 첫인상이 좋았다. 마음이 앞서가니 입도 정신없이 따라갔다. 나중에 들은 얘기지만 아내도 내 언변이 좋아 같이 살면 심심하지는 않겠다는 생각을 했었단다. 사실 소개받기로 한 여자는 따로 있었다. 그때 운명의 여신이 장난을 쳤는지 아니면 삼신할미가 뒤늦게 알고 끼어들었는지 그 여자분에게 일이 생겼고, 아내는 친구의 부탁을 받고 대신 나왔다가 내 마음을 사로잡아 버린 것이다.

달콤한 추억을 쌓아도 모자랄 시간에 결혼하자고 우기는 남자와 그럴 생각이 없다는 여자 사이에 치열한 전투(?)가 벌어졌다. 멋진 곳에서 밀어를 속삭이는 대신 여자 마음을 돌리기 위해 애를 써야 했고, 근사한 식당에 갔어도 음식을 그대로 남기고 헤어지기 일쑤였다. 아슬아슬하게 만남을 이어간 끝에 결혼에 성공하자 치열했던 전투도 소중하고 아름다운 추억으로 바뀌었다.

결혼하고 한동안은 결혼기념일과 선물을 잊지 않았다. 마음을 보여줄 수 없으니 물질로 대신한 것이다. 부부싸움을 하다가도 '어떻게 한 결혼인데…' 하고 중얼거리는 것만으로 모든 게 봄눈 녹듯 스르르 풀려버리곤 했다. 처음에는 그렇게도 애틋하더니 나이를 한 살 두 살 더 먹으면서 결혼기념일도, 기념일 선물도 잔소리를 듣고서야 떠올리는 지경이 되었다. 번번이 아내에게 바가지를 긁히게 되니 기억하고 있다는 시늉이라도 하려고 핸드폰의 캘린더 앱에 결혼기념일을 입력해 놓았던 것이다.

1년 남은 결혼 35주년. 산호혼식이라고도 한다. 정말로 전해오는 이름인지 상술이 만들어낸 이름인지는 알 수 없지만 그냥 넘어가기로 했다. 아내는 내가 결혼기념일을 기억하고 있다는 사실만으로도 충분하다고 생각한 것이다. 그렇다고 다가올 결혼 50주년, 금혼식마저 모른 척 넘길 만큼 몰염치(?)하지는 않다.

결혼 50주년을 지나면 60주년이 기다리겠지? 결혼 60주년을 유럽은 다이아몬드(금강)혼, 우리나라는 회혼(回婚)이라고 부른다. 조선 시대에는 회갑(回甲), 회방(回榜, 과거에 급제한 지 60년이 되는 해), 회혼을 3대 수연(壽宴, 장수를 축하하는 잔치)이라고 했다. 그만큼 60년 세월은 의미가 깊은 것이다. 쉽지 않은 소원이겠지만 다산 정약용처럼 내게도 행운이 있어 회혼식을 할 수 있을 것이라 믿고 싶다.

다산은 회혼일 아침에 삶을 마감했다. 생의 많은 시간을 유배지에서 보내다 회혼일을 3일 앞두고 아내에게 「회혼시」를 바치고 회혼일 아침에 고향 집에서 세상과 작별했다. 비록 힘든 세월을 보냈어도 생의 마지막 순간만큼은 부인과 함께 했으니 다산은 행복한 사람이 아니겠는가?

60년 풍상의 바퀴는 눈 깜짝할 새 굴러왔지만
복사꽃 화사한 봄은 신혼 때와 같네.
살아 이별, 죽어 이별이 늙음을 재촉하나

슬픔은 짧고 기쁨은 길었으니 임금님 은혜겠지
오늘 밤 뜻 맞는 대화가 새삼 즐겁고
그 옛날 붉은 치마엔 먹 흔적이 남아 있네.
나뉘었다가 다시 합해진 내 모습 같은
술잔 두 개 남겨 두었다 자식에게 물려주려네.

– 정약용, 「회근시(回巹詩)」

유럽에서는 결혼 60주년을 금강혼이라 하지만 미국에서는 75주년을 금강혼이라고 한단다. 이왕이면 미국식 금강혼인 75주년까지 살아볼 수는 없을까? 지난 34년 동안 잘 살았으니 앞으로 40년도 잘 살아서 결혼 75주년이 되는 날 아침에 다산처럼 아내 곁에서 삶을 마감하는 행복한 남자이고 싶다.

(2020. 5. 1.)

주인 없는 간판

"젊은 분이 멋진 카페를 차렸네요. 바깥 풍경도 멋지고 실내 분위기도 고급스러워요. 무엇보다도 커피 맛이 좋네요."

손님이라곤 나밖에 없는 한가한 오후 시간. 구드레 근처의 식당 2층에 자리한 카페에서 아메리카노를 마시며 젊은 여주인에게 말을 건넸다.

"제가 무슨 능력이 있어서 이런 카페를 차릴 수 있겠어요. 아빠가 도와주신 거예요."

"그래요? 아빠가 능력이 있으신가 봐요."

"이 아래 향우정이 아빠가 하는 식당이에요."

향우정이라는 이름을 듣자 생각은 추억을 더듬으며 먼 과거로 날아갔다. 아버지는 부여에서 서점을 운영했다. 그 시절 맨손으로 시작한 사람들이 다 그랬듯이 아버지도 많은 고생을 했다. 시간이 지나면서 서점은 부여를 대표하는 규모로 성장했고 아버지와 어머니의 외부활동도 많아졌다. 그 무렵 우리집에서 멀지 않은 곳에 향우회관이라는 식당이 생겼다. 겉은 옹색했어도 음식 맛이 좋아 사람들의 발길이 끊이지 않았다. 부여 맛집으로 자리매김한 향우회관은 구드레 음식문화 거리에 번듯한 건물을 짓고 이전하더니 향우정이라는 이름으로 옥호도 바꾸었다.

"예전 향우회관이 지금의 향우정이 됐군요. 그 무렵 내 부친도 그 근처에서 서점을 하셨는데…."

"아, 학원서림요? 우리 식당 앞에 있던? 저도 책은 거기에서 다 샀는데…."

"학원서…림? 그 서점은 그때 새로 시작했고 당시 제일 큰 서점은 동아서점이었는데…."

"동아서점요? 들어본 적 없는…데?"

30세쯤으로 보이는 카페 여사장의 머릿속에 아버지가 운영하던 서점은 흔적도 남아 있지 않았다. 기분이 묘했다. 부여에서 나는 '동아서점 아들'로 불리었다. 아버지가 서점을 다른 사람에게 넘긴 다음에도 꽤 오랫동안 그렇게 불리었다.

그 동아서점이 사라진 것이다. 그럼 '동아서점 아들'이라 불리던 나는 누구?

카페를 나와 서점과 살림집이 같이 있던 옛집 앞으로 갔다. 집은 그대로인데 모든 게 바뀌었다. 서점 대신 자전거 가게가 들어서 있고, 나이 든 아버지 대신 나보다 젊은 남자가 보였다. 그곳에서 100여 미터 떨어진 곳에 동아서점 간판이 보였다. 아버지에게서 동아서점을 인수한 사람이 옮겨간 자리였다. 간판이 걸려 있는 건물에는 서점 대신 빵집이 들어서 있었다. 마음의 양식이 일용할 양식으로 바뀐 것이다.

언제까지라도 이름이 전해질 것이라고 믿었던 동아서점은 간판만 남았다. 그 지위를 물려받은 서점은 학원서림이었다. 내 또래의 남자, 동아서점이 위세를 떨칠 때 처음 시작됐던 서점이 이제는 터줏대감이 되었다. 흥망성쇠의 명암이 어김없이 작용한 것이다.

고개를 들어 간판을 바라봤다. 기세등등했던 세월을 지나 낡고 쇠락한 간판, 이제는 아무도 기억해주지 않는 간판. 내 손으로 떼고 싶다.

(2020. 8. 19.)

4

길에서 만난 삶

산 자와 죽은 자

정상에 커다란 분화구를 품고 있는 저지오름. 2007년 산림청이 주관하는 '제8회 아름다운 숲 전국대회'에서 대상을 받은 곳이다. 이곳은 올레 13, 14 및 14-1길이 시작하거나 끝나는 곳이어서 많은 사람이 찾아오고 있었다.

정상 부근에는 분화구를 따라 걸을 수 있는 둘레길도 있고 분화구 바닥에 가까이 다가갈 수 있는 계단도 만들어져 있었다. 제주에 있는 많은 오름 가운데 희귀한 곳이어서 자연유산으로서의 가치도 있을 것 같았다. 정상에서 분화구 바닥을 내려다보니 숲이 무성했다. 전문가라면 흥미 있는 곳이겠지만 문외한의 눈에는 평범한 숲처럼 보여 발길을 돌렸다. 대신 정상에 마련돼 있는 전망대에 올랐다. 그렇게 높은 오름이 아닌데도 한라산, 산방산 그리고 한림읍이 한눈에 들어왔다. 멋지다.

수백만 년의 나이를 가진 저지오름 허리춤에는 세상을 떠난 사람들이 각자 지니고 있을 사연들을 분화구에 쏟아두기라도 하려는 것처럼 많은 분묘가 있었다. 조성한 지 꽤 된 듯 화산암으로 사성을 두른 묘도 있고 시멘트로 만든 산담도 있었다. 물론 산담이 없는 무덤도 있었다. 산담은 산소나 밭 등을 화산암으로 둘러싼 낮은 담으로 제주도에서만 볼 수 있는 모습이다.

저지오름을 구석구석 돌아보고 올레 14-1길 트레킹을 시작했다. 햇볕이 따가운 데다 저지오름에서 에너지를 너무 많이 소모했는지 걷는 내내 무척 힘이 들었다. 걷기를 포기하고 택시를 부를까 하는 생각도 들곤 했지만 오기로 걸었다. 그때 문득 나이 지긋한 택시기사가 한 말이 생각났다. "우리는 삶의 목표를 향해 정신없이 달려가며 살아왔지요. 올레길마저 그렇게 걸을 필요는 없지 않겠어요? 걷다가 힘들면 쉬면 됩니다." 사실 쉼 없는 삶이 성공을 보장하는 것도 아닌데…. 해 질 녘에 지친 몸을 끌고 숙소에 돌아왔더니 체력이 고갈되었는지 온몸이 송장처럼 축 늘어져 버렸다.

다음 날 모슬포의 하모 공원에서 올레 11길 트레킹을 시작했다. 숙소에서 하모 공원까지는 버스를 이용했다. 시가지를 벗어나 인근의 모슬봉 자락에 도착하니 사방이 마농(마늘의 제주도 방언) 밭이다. 그리고 그 밭이 끝나는 곳에서 불쑥 묘지들이 나타났다. 어느 여행자가 '마늘밭이 끝나니 무덤들이 나타나더라!'라고 표현했는데 영락없이 그 모습이다. 혹시 제주에 있는 18,000여 신(神)들이 후계자를 끌어들이려고 경쟁(?)하느라 생긴 결과일까?

하모 공원으로 갈 때 저지오름에서 봤던 무덤들을 떠올리며 버스 기사에게 이 지역에 무덤이 유난히 많은 이유를 물었다. 그는 이런 질문을 많이 받는지 즉시 대답했다. 일제강점기 때에는 알뜨르 비행장 일대에서 일제에 의해 많은 사람이 죽었고, 4·3 사태 때에는 제주도에서 가장 많은 사람이 모슬포 일대에서 죽었기 때문이라는 것이다. '알뜨르'는 '아래 벌판'이라는 뜻을 가진 예쁜 제주 방언으로 모슬봉 아래에 넓게 펼쳐져 있었다. 이름이 이토록 예쁜데…. 그 알뜨르를 품고 있는 모슬봉은 우리나라 현대사의 아픔을 고스란히 품고 있었다. 질곡으로 가득한 삶이었을 텐데도 그 저편인 죽음으로 가는 것이 그토록 억울했을까? 공동묘지를 지나는 길을 'Dark Road(어둠의 길)'라고도 부른다는데 그 말에 왠지 눈물이 났다.

모슬봉 일대에는 가족 공동 묘도 많이 눈에 띄었다. 육지의 선산과 같은 역할을 하는 듯했다. 망우리 공동묘지와는 분위기가 많이 다른 이곳의 공동묘지. 곳곳에 가족 납골당도 제법 보였다. 방치된 묘, 이장하려고 그랬는지 파묘된 곳 등도 산재해 있었다. 삶이 다양하듯 죽은 다음의 세계도 제각기 다른 모양이다.

삶과 죽음은 종이 한 장 차이라고 누가 말했던가? 사랑하는 사람을 느껴보려고, 다시 보려고 해도 돌아올 수 없는 곳이 죽음일진대 그 거리는 우주 끝보다 더 먼 곳이 아닐까? 쉬었다 가려고 앉았던 모슬봉 기슭에서 개똥철학을 또 한 번 되새겼다.

산방산을 바라보며, 알뜨르를 내려다보며 준비해 간 점심을 먹었다. 간단한 식사였지만 영면에 드신 분과 '농사의 신' 자청비에게 '고수레!' 하며 나누어 먹어서 그랬을까? 식사를 마치니 마음이 조금은 홀가분해져서 올레 11길의 하이라이트라는 무릉 올레로 힘차게 떠날 수 있었다.

(2018. 3. 16.)

슬픈 해녀콩

월령리를 지나니 해녀콩 자생지라는 팻말이 나타났다. 바닷가 모래에서 척박하게 살아가는 제주 해녀들의 삶과 닮았다 하여 붙인 이름이다. 일본이나 대만에서 해류를 타고 흘러온 종자가 이곳에서 뿌리내린 것으로 추정하고 있는 해녀콩. 꽃말이 '전설'이라는데 고달픈 현실을 벗어나 제주에서 가까운 '전설의 섬' 이어도로 떠나고픈 소망을 담은 것일까?

점심을 먹으러 들른 식당 주인은 토박이라면서도 해녀콩은 처음 들어본다며 고개를 저었다. 식당 주인이 남자여서 여자들의 고달픔을 몰라서 그랬나? 제주 여인들의 애환을 담은 노래를 들어보자.

요 바당에, 요 물에 들언
좀복, 구젱기, 고득하게 잡아당
혼 푼, 두 푼, 모이단 보난
서방님 술깝에 몬딱 들어 감쩌.
– 남편을 원망하는 해녀의 노래

(여기 바다에, 여기 물에 들어가서
전복, 소라, 가득하게 잡아다가
한 푼, 두 푼, 모이다 보니까
남편의 술값에 모조리 들어가더라.)

해녀들이 들어가는 바다의 물색이 매우 곱다. 해녀의 한숨이 바람이 되고 눈물이 비가 되었는지 궂은 날씨가 심술을 부렸다. 우산을 받쳐 들고 비양도를 바라보며 금릉, 협재해수욕장을 지나서 올레 14길 종점인 한림항에 도착했다. 영등할망(제주 바람의 여신)이 다가오는지 더욱 거세진 바람과 한층 굵어진 빗줄기가 테왁 망사리(해녀가 채취한 해물 따위를 담아두는 그물망)를 못살게 군다. 그 틈을 비집고 숙소가 있는 곳까지 허위허위 더 걸었다.

(2019. 3. 6.)

운현궁의 봄

멀리 있는 볼거리는 일부러 시간을 내서라도 찾아가지만 가까운 곳에 있는 볼거리는 좀처럼 가지 않는다는 말이 여지없이 들어맞았다. 서울에서 살아온 지 40년이 넘었고, 근처를 지나간 횟수도 손으로 꼽을 수 없을 만큼 많았지만 정작 운현궁에 들어가 본 것은 처음이었다. 조선의 운명이 백척간두에 서 있을 때 국정의 중심이었던 곳. 가슴속에 뜨거운 야망과 무서운 복수심을 품고 세월을 기다리던 사내가 웅크리고 있던, 그래서 우리나라 근대사에서 빼놓을 수 없는 운현궁을 2017년 가을에야 처음 찾았다.

살아가기가 어려워서 그랬을까, 아니면 무지해서 그랬을까? 흥선대원군의 손자는 한국전쟁이 끝난 뒤 운현궁의 상당

부분을 팔아버려서 궁궐에 버금갈 정도로 거대했던 저택이 지금은 노락당(老樂堂)과 노안당(老安堂), 이로당(二老堂) 등 한옥과 양관(洋館)만이 남았다. 운현궁 일부를 사들인 덕성여대 등에서는 그 흔적을 찾기조차 어려웠다. 본래의 모습이 많이 사라져 아쉽기는 하지만 남아 있는 건물만으로도 왕실 가족이 살던 집의 품위와 아름다움을 알아채기에 부족함은 없었다.

덕성여대를 다니는 여학생을 좋아하던 친구가 있었다. 가슴 아픈 짝사랑이었다. 여학생은 갖은 핑계를 대며 남자를 만나주지 않았다. 어느 날, 친구는 무슨 수를 써서라도 여학생을 만나야겠다고 작심을 하고 아침부터 정문 앞을 지켰다. 대부분 학생이 하교할 때까지 여학생이 보이지 않자 친구는 그녀가 자기를 먼저 발견하고 학교 안 어딘가에 숨었다고 생각했다. 오랜 망설임 끝에 여학생을 찾아내려고 금남(禁男)의 구역에 발을 들여놓았다. 그가 정문을 막 통과하자 그렇지 않아도 의심스러운 눈초리로 지켜보던 수위가 바로 제지했고, 친구는 제지를 뿌리치고 냅다 안으로 뛰어 들어갔다. 그 다음부터 친구와 수위의 쫓고 쫓기는 달리기가 캠퍼스 내에서 벌어졌다. 나이 든 수위의 직업정신이 어찌나 투철했는지 친구는 캠퍼스를 구석구석 쉼 없이 달리고 나서 정문으로 되돌아 나온 뒤에야 쫓김을 끝낼 수 있었다. 나중에 이 소동을 전해 들은 여학생이 마지못해 친구를 만나주기는 했지만 그들은 운현궁의 봄을 한 번도 함께 누려보지 못했다.

옛 생각을 하며 운현궁에 발을 디디자 김동인의 장편소설 『운현궁의 봄』도 떠올랐다. 운현궁의 주인인 흥선대원군의 일생과 조선말의 복잡한 내외 정세와 풍운을 그린 우리나라 최초의 역사소설이다. 금동은 은인자중하던 대원군이 권력의 정점에 오른 뒤 야망을 펼치면서도 민초들의 아픔에 공감하는 인간적인 모습을 서술하는 등 그에 대해 매우 긍정적인 시선을 보냈다. 하지만 이에 대해 일부 비평가들은 지나친 영웅화라고 비평하기도 했다. 흥선대원군은 과연 어떤 인물이었을까? 기울어져 가는 나라를 일으키려고 동분서주한 희대의 풍운아였을까 아니면 시대의 흐름을 읽지 못한 구시대의 인물이었을까?

베트남의 후에(Hue) 지역을 여행하다 가슴 아프게 바라본 유적이 있었다. 베트남의 마지막 왕조인 응우옌(阮) 왕조의 12번째 왕인 카이딘(啓定) 황릉이다. '세상에서 가장 아름다운 무덤'이라는 평을 받는 무덤을 조성하기 위해 카이딘 황제는 매년 국가 예산의 30%를 쏟아부었다. 이로 인해 국민은 "조국을 프랑스에 팔아넘기고 민중들은 프랑스에 착취당하고 있는데, 궁전에서 화려한 생활만 하고 있다."라며 폭동까지 일으켰지만 카이딘 황제는 이에 아랑곳하지 않고 11년 동안의 대역사 끝에 능을 완공했다. 화려한 카이딘 황릉을 보며 경복궁을 중건한 흥선대원군이 떠올랐었다. 카이딘도 흥선대원군도 왕실의 권위를 높이면 백성들이 결집하여 나라의 위기를 극복할 수 있다고 생각했겠지만 세상은 그들의 생각을 비웃기라도 하듯 몰락을 촉진했다. 그 돈으로 군사력을 키우고 경제를 일으켰더라면 조선에도, 운현궁에도 봄이 왔을 텐데…. 판단 착오로 인해 운현궁도 경복궁도 엄동의 계절을 보내야만 했다.

흥선대원군도 친구도 그리고 그 누구도 아름답고 세련된 운현궁에서 봄을 맞이하지 못했다. 정녕 운현궁에는 봄이 없는 걸까? 아니다. 이제라도 운현궁의 대문을 활짝 열고 이곳을 따뜻한 봄기운으로 가득 채워야겠다. 역사는 반복된다고 하지만 또다시 불행한 역사를 맞을 수는 없지 않은가?

(2017. 10. 27.)

바우길의 여인들

물회로 유명한 사천에서 점심을 먹고 경포로 돌아오는 길. 경포에서 사천으로 갈 때는 멋진 바다 풍경을 보며 걸었지만 돌아오는 길엔 초여름의 따가운 햇볕을 피해 택시를 이용했다. 택시가 출발하고 얼마 되지 않아 테라로사 커피숍이 보였다. "어, 여기에도 테라로사 커피숍이 있네?" 하며 놀란 기색을 보이자 기사가 "보헤미안 커피숍도 가까운 곳에 있습니다."라며 룸미러를 통해 대답했다. "보헤미안이요?"라고 반문하자 그는 기다렸다는 듯 이야기보따리를 풀기 시작했다.

강릉에는 테라로사 말고도 보헤미안 커피와 커퍼 커피가 각기 독특한 풍미를 자랑하며 사람들의 사랑을 받고 있었다.

아마도 옛 선인들의 풍류가 커피로 고스란히 옮겨온 모양이다. 테라로사 경포대점에 도착했다. 입에 고인 침을 삼키며 부리나케 입구로 다가갔더니 나를 반긴 것은 '정기휴일입니다'라는 팻말이었다.

다음 날. 경포호를 걸었다. 호숫가에 있는 방해정, 경호정 그리고 금란정을 지나며 경포호와 절묘하게 어우러진 곳에 살포시 집을 앉힌 옛사람들의 풍류에 절로 감탄이 나왔다. 그 집들은 하나같이 '어서 와!' 하며 나를 향해 손짓하는 듯했다. '아예 강릉으로 이사할까?' 하며 커피 한 잔을 사 들고 경포대에 올랐다. 정자에는 이미 많은 사람이 배를 깔거나 등을 대고 편하게 누워있었다. 그 틈에 처음부터 그랬던 것처럼 슬그머니 끼어 망연히 경포호를 바라보았다. 온종일 바라보아도 질리지 않을 풍경에 취해 주변을 둘러보니 정자 뒤쪽으로 야트막한 산을 휘감아 도는 길이 보였다. 강원도 곳곳에 조성해 놓은 바우길 가운데 11구간이었다. 끌리듯 길에 올랐다. 갈림길에는 어김없이 안내 표지판이 세워져 있는데 신사임당의 대표작인 사친(思親)을 써 놓은 것도 있었다.

천 리 먼 고향은 만 겹의 봉우리로 막혔으니
돌아가고 싶은 마음은 길이 꿈속에 있도다.

한송정 가에는 외로운 보름달이요
경포대 앞에는 한바탕 바람이로다.
모래 위엔 백로가 항상 모였다가 흩어지고
파도 머리엔 고깃배가 각기 동서로 왔다 갔다 하네.
언제나 임영 가는 길을 다시 밟아
비단 색동옷 입고 슬하에서 바느질할까?
– 신사임당, 「사친(思親, 어버이를 그리워하다)」

바우길 11구간은 경포호를 지나 허균·허난설헌 기념공원에서 끝이 났다. 뜨거운 땡볕을 뿌리치며 기념공원이 있는 솔밭에 도착했다. 예전에 왔을 때는 생가만 보존되어 있었는데 이제는 주변을 정비하여 제법 큰 공원으로 단장해 놓았다. 허난설헌의 흔적을 쫓아 집안을 두루 살폈다. 조선 시대에 재주 많은 여인으로 태어난 게 죄였을까? 평탄하지 않은 삶이 그녀의 작품에도 그림자처럼 남아 있었다.

옛집은 대낮에도 인적 그치고
부엉이 혼자 뽕나무에서 울어라
섬돌 위엔 이끼만 끼어 푸르고
참새만 빈 다락으로 깃들고 있네.
그 옛날 말과 수레 어디로 가고

지금은 겨우 토끼 굴처럼 폐허 되었네.
이제야 선각자 말씀 알겠구려.
부귀는 내가 구할 바 아니라는 것
–허난설헌, 「感遇(느낀 대로 노래한다)」

예향(藝鄕)이라고 불리는 강릉. 우리나라를 대표하는 여류문인 신사임당과 허난설헌. 그녀들이 있어 강릉을 예향이라고 부르게 되었을까? 강릉이 예향이어서 그녀들이 나올 수 있었을까? 경포호에는 안렴사 박신과 기생 홍장의 사랑 이야기도 전해온다.

한송정 달 밝은 밤의 경포대에 물결 잔 제
유신한 백구는 오락가락하건마는
어떻다 우리 왕손은 가고 안이 오느니.
– 홍장, 「한송정 달 밝은 밤에」

아무래도 강릉의 빼어난 풍류가 내로라하는 문인들을 낳는 모양이다. 보름달이 환하게 뜬 초저녁에 향긋한 커피 한 잔 들고 다섯 개의 달이 뜬다는 경포호에서 강릉 여인들에게 시 한 수 배워볼까? (2020. 6. 9.)

금강은 알고 있을까?

오성산에 올랐다. 오성산은 금강하구 둑에서 상류 방향으로 2Km쯤 떨어진 곳에 있는 산으로 이 일대에서는 가장 높은 산이다. 정상에 올라서면 금강 입구에서 상류 방향까지 한눈에 들어오는 곳이다. 오호통재라! 가는 날이 장날이라고 안개가 자욱했다. 누가 다가와서 코를 베어 가도 알아차릴 수 없을 만큼 짙은 안개가 시야를 가로막고 있었다. 안타깝지만 어쩌겠는가? 자연이 허락하지 않는 것을…. 금강을 한눈에 보려던 계획을 포기해야 했다.

오성산 정상에는 다섯 개의 묘가 있다. 오성인의 묘다. 당나라 소정방이 대군을 이끌고 백제를 공격하러 가다가 오성산에서 짙은 안개에 갇혀 길을 잃었다. 바로 그때 5명의 노인이 나타나자 소정방이 사비로 가는 길을 물었다. 노인들이 대답하기를 “너희가 우리 백제를 공격하러 왔는데 어찌 적에게 길을 가르쳐 준단 말이냐!” 하며 거절했다. 이에 분노한 소정방이 다섯 노인을 죽였다고 한다. 백제를 멸망시키고 당나라로 돌아가던 소정방이 다시 이곳에 들러 노인들의 충절을 기려 시신을 수습하고 후하게 장사를 치러 주었다고 한다. 그때 이후 이 산의 이름이 오성산이 되었다고 한다. 혹시 이 노인들은 백제의 장군들이 아니었을까? 오성산에서 당나라군을 맞아 결사 항전하다 수많은 백제군이 전사했다고 하니 말이다.

오성산을 지나 비단강 길로 접어들었다. 군산 금강 하굿둑에서 대청댐에 이르는 자전거 길의 이름이다. 금강을 따라 잘 닦여진 길이었는데 비가 오는 을씨년스런 날이어서 그런지 인적을 찾을 길이 없었다. 인적뿐이랴? 그 많던 가창오리 떼도 손으로 헤아릴 수 있을 만큼 적었다. 모두 제 고향으로 돌아간 모양이다. 몇 시간 동안 인적 없는 길을 걸으며 나포를 지나 웅포에 이르렀다. 저녁 식사를 하려고 찾아간 허름한 식당에서 동네 주민들과 어울리게 됐다. 웅포는 우리말로 곰개나루라고 부른다. 그분들에게 지명의 유래를 물었더니 곰이 금강 물을 마시려고 엎드려 있는 형상과 비슷하다 해서 웅포 즉 곰개라고 부르게 되었다고 한다. 예전에는 강경 못지않은 포구였다는데 지금은 쇠락한 시골 강변마을에 불과했다. 그들은 우리나라에서 '웅(熊)이나 곰'자가 들어간 지역은 임금이 머물던 곳이라고 했다. 웅진이 그렇고 웅포가 그렇다는 것이다. 실제로 웅포에는 백제 30대 임금인 무왕의 이야기가 곳곳에 널려 있었다.

다음 날, 이른 아침에 길을 나섰다. 또다시 안개가 코앞을 분간하기 어려울 정도로 끼었다. 비단강 길에 올라 길을 재촉하다 보니 강변에는 짙은 안개에도 불구하고 낚시하러 나온 사람들이 보였다. 부지런하기도 하지. 그들을 뒤로하고 웅포대교를 건너 부여로 접어들었다. 유왕산으로 가기 위해서였다. 숙소를 떠나 2시간쯤 걸어 유왕산 근처까지 왔는데 식당은 고사하고 작은 가게 하나 보이지 않았다. 꼼짝없이 굶었다. 주린 배를 틀어쥐고 걷다 보니 공연히 화가 나고 까닭 없는 서러움이 밀려온다. 한 끼 굶었다고 이럴진대 굶기를 밥 먹듯 하면 그 심정은 오죽할까?

마침내 유왕산이 보였다. 해발 60m라고 하니 차라리 구릉이 맞는 표현일 것이다. 정상에 올라서니 금강이 한눈에 들어온다. 백제를 무너뜨리고 나서 소정방은 의자왕을 위시해

왕자, 귀족과 백성 12,807명을 당나라로 끌고 갔다. 음력 8월 17일, 의자왕이 탄 배가 금강을 따라 내려간다는 말을 들은 백성들이 유왕산에 올라 대성통곡을 하고 큰절로 의자왕의 안녕을 빌었다고 한다. 지금도 이날이 되면 유왕산 추모제가 열린다. 흥미로운 것은 의자왕이 보양식으로 먹었던 웅어들이 일제히 의자왕이 탄 뱃전에 머리를 부딪치며 죽었다는 전설이다. 그때부터 충의를 아는 물고기라고 해서 의어라고 부르게 되었는데 지금의 우여가 바로 이 물고기다. 매년 4월이면 유왕산 일대 갓개포구에서 우여 축제가 열렸는데 지금은 인구가 줄어 행사가 중단되었다고 한다.

갓개포구를 지나 반조원리(頒詔院里)로 길머리를 잡았다. 이곳에는 조선 시대 화가인 겸재 정선이 '임천고암(林川鼓巖)'이라는 걸작을 그린 곳이 있다. 겸재가 평야 지대인 이곳에서 바위를 소재로 한 걸작을 그렸다는 사실도 흥미로웠고, 반조원리 일대가 사비성을 공격하기 위해 당나라의 소정방과 신라의 김유신이 만난 곳이라는 주장도 있어 확인해 보고 싶었기 때문이다. 기대가 크면 실망도 그만큼 커지는 것인가? 지형이 변했는지 풍광이 뛰어난 곳을 찾을 수가 없었다. 오히려 겸재의 천재성만 확인했다고 할까? 게다가 반조원리 일대에서 나당 연합군 18만 명이 모일 만한 공간도 찾기가 어려웠다.

다음 날. 반조원리에서 실망한 탓인지 늦잠을 자고 말았다. 서둘러 배낭을 추슬러 메고 강경포구를 지나 성동면 우곤리에 도착했다. 논강평야의 한 부분답게 넓은 들판이 펼쳐져 있었다. 고개가 끄덕여진다. 이 정도라면 나당 연합군 18만 명이 주둔하고도 남을 것 같았기 때문이다. 소정방은 군산으로 상륙해 놓고 굳이 강을 다시 건너 반조원리로 갈 까닭이 없다. 사비성은 군산과 같은 쪽인 금강의 오른쪽에 있기 때문이다. 게다가 김유신이 강을 건넜다는 기록도 없다. 이곳이 나당 연합군이 만나기로 한 장소일 가능성이 있다는 생각을 하며 앞으로 더 나아갔다.

석성천이 나타났다. 석성천이 금강과 만나는 지역에는 습지가 펼쳐져 있었다. 습지를 앞에 두고 진영을 설치하기보다는 지나서 설치하지 않았을까? 석성천을 건너니 역시 넓은 들판이 보이고 들판 끝에 우뚝 솟은 파진산(破陣山)이 나타났다. 석성산성이 있던 곳으로 사비성으로 가는 마지막 관문이다.

당군은 조수를 타고 배가 꼬리를 물고 나아가며 북을 치며 소리를 질렀다. 정방은 보병과 기병을 거느리고 바로 도성으로 나아가 30리쯤 되는 곳에서 멈추었다. 우리 군은 모든 병

력으로 막았으나 또 패하여 죽은 자가 만여 명이었다.

– 『삼국사기』 백제 본기 의자왕 20년

『삼국사기』의 기록과도 일치하는 곳이다. 백제군은 당나라 소정방이 신라군과 합류하기 전에 선공을 펼쳤으나 대패한 것 같다. 죽은 백제군사가 만여 명이면 공격당한 당나라 군사도 그 못지않은 피해를 보지 않았을까? 석성면 봉정리 벌판에서 한바탕 혈전을 치른 뒤 소정방의 당나라군은 신라군과 합류한 것으로 보인다. 이 싸움에서 소정방은 단단히 혼쭐이 난 것 같다. 약속한 날보다 하루 늦게 도착했다는 이유로 신라의 독군(督軍) 김문영을 참수하겠다며 신라군에게 화풀이하지 않았던가?

정방이 꺼리는 것이 있어 전진하지 않자, 유신이 달래어 신라군과 당군이 용감하게 네 길로 나란히 나아갔다.

– 『삼국사기』 신라본기 태종무열왕 7년 7월

서울에서 군산으로 가는 장항선 열차는 무궁화호나 새마을호나 소요시간이 비슷했다. 사람들이 상위 등급의 열차를 탈 때는 쾌적함과 함께 빠른 도착도 기대하는 법인데 장항선 열차는 이런 상식과 차이를 보인 것이다. 황산벌 전투로만 기억되는 백제의 멸망도 그런 것이 아닐까? 기록에 나타난 것만으로도 백제는 당나라를 맞이하여 소정방이 두려움을 느낄 만큼 격렬하게 다퉜다. 승자가 기록한 역사에 이 정도로 표현되었다면 실제는 어땠을까? 금강은 알고 있을 텐데 오늘도 말없이 흐르고 있다.

(2016. 3. 22.)

다리 밑에서 주워 왔어

"이 능의 자리는 용의 이마에 해당하는 명당자리라고 합니다." 문화해설사가 특유의 재치 있는 입담을 과시한다. 슬쩍 찔러 보았다. "왕은 어려서 승하하여 소생이 없는데 누가 그 복을 받는단 말입니까?" 그녀가 대답한다. "그래서 영월 사람들이 그 복을 다 받는다고 합니다." 장릉에서 만난 문화해설사는 단종에 대한 풍부한 지식과 유머를 살짝살짝 섞은 재치 있는 입담으로 방문객들의 귀에 필요한 지식을 쏙쏙 넣어 주었다.

단종을 사사(賜死)한 세조는 시신을 동강에 버리고 이를 수습하는 자는 3족을 멸한다는 엄명을 내린다. 이런 살벌한 시기에 영월호장 엄홍도가 시신을 수습하여 눈으로 덮인 동을 지산을 급히 오르다가 노루들이 쉬고 있던 자리만 눈이 쌓이지 않은 것을 보고 그 자리에 암장했다고 한다. 영월 사람들의 염원이 담긴 희망이었을까? 우연히 묻은 자리였는데 명당자리란다. 문화해설사의 설명을 듣고 산을 둘러보니 용이 기다란 자태를 드러내고 있는 것처럼 보인다. 풍수지리에서도 이 자리는 갈룡음수형(渴龍飮水形)에 해당하는 명당으로 평가한다고 한다.

태어난 지 하루 만에 어머니 현덕왕후를 잃고, 12살에 아버지 문종이 승하하여 어린 나이에 보위에 올랐던 단종. 재위 3년 만에 계유정난을 겪으면서 세조에게 양위하고 상왕으로 물러났다. 그 뒤 사육신의 상왕 복위 사건으로 인하여 노산군으로 강등되어 영월에 유배되었다가 금성대군이 주동이 된 '정축지변(丁丑之變)'으로 인하여 유배된 지 4개월여 만에 열일곱 살 어린 나이로 사약을 받고 승하했다. 엄홍도가 높은 언덕 위에 급하게 암장한 장릉은 울창한 소나무 숲에 둘러싸여 있다. 우연이겠지만 소나무들은 비통한 죽음을 맞은 단종의 넋을 기리기라도 하듯 예를 갖춰 능을 향해 절을 하는 모양으로 굽어 있었다.

이 가운데 최근에 단종의 비(妃) 정순왕후의 능에서 옮겨

심은 소나무가 있다. 이 소나무는 승하한 지 500여 년 만에 젊은 부부가 다시 만나 애틋한 정을 나누기라도 하려는 것처럼 장릉 쪽으로만 뿌리를 뻗고 있다고 한다. 소나무를 등지고 내려오면서 단종에게 사약을 가지고 간 금부도사 왕방연이 당시의 심경을 읊은 시조 한 수를 떠 올려 본다.

천만리 머나먼 길에 고운 임 여의옵고/ 내 마음 둘 데 없어 냇가에 앉았으니/ 저 물도 내 안 같아야 울어 밤길 예놋다.

원래 수양대군은 조실부모한 단종에게 다정다감한 숙부였다고 한다. 하지만 권력은 부자지간에도 나누지 않는다고 했던가? 다툼도 당연히 발생했겠지. '계유정난'을 통해 왕권을 잡은 세조는 금성대군이 순흥부사와 함께 모의한 '정축지변'을 평정하면서 왕권을 공고히 하게 된다. 정축지변 당시 단종 복위운동에 동조했던 순흥부(현재 영주 및 봉화 일대)의 선비들 가운데 많은 사람이 참살을 당했는데 멸족의 화를 피하려고 젖먹이들은 '청다리' 밑에 버렸다고 한다. 그때 어렵사리 살아남은 아이들을 관리나 백성들에게 데려다 기르도록 했는데 이때 이후 "넌 다리 밑에서 주워 왔어!"라는 말이 생겨났단다. 그때 이후로 아이들이 "엄마 나 어디서 태어났어?"라고 물으면 엄마들은 농담처럼 “넌 다리 밑에서 주워 왔어!”라고 대답하게 되었다나? 하지만 그렇게 대답했다면 ‘다리 밑에서 주워 온’ 아이가 곧 충의지사의 후손(?)이니 그 엄마는 잘 키워야 할 의무가 있음을 잊지 말아야겠다.

단종은 죽어서 두견새로 환생하였다고 전해진다. 단종이 사사되자 궁중에서부터 시중을 들던 6인의 궁녀들도 동강의 낙화암에서 순절한다. 궁녀들의 영혼은 장릉에 와서 두견새로 환생한 단종에게 절을 하며 시중을 들었다고 하는데 이런 애달픈 내력을 간직한 배견정(拜鵑停)이 장릉 능선 끝자락에 있다. 세계에서 유일한 ‘새를 위한 정자’란다. 감동을 주는 것은 정조 때 영월 부사로 부임한 박팽년의 후손 박기정이 전해 오는 이야기를 듣고 배견정을 지었다는 것이다. 박기정의 감회가 얼마나 새로웠을지 감히 짐작해 본다.

단종은 승하한 지 241년이 지난 숙종 때 복위되었다. 그 오랜 세월 어린 단종은 다리 밑 아이들을 보듬어 주고 어루만져 주며 지내지 않았을까? “넌 다리 밑에서 주워 왔어!”라는 말을 새삼 되새기며 단종을 추모해 본다.

(2014. 4. 14)

가을을 보내는 하늘의 눈물

참으로 야속한 하늘이다. 모처럼 만에 운길산 산행에 나서던 날도 가볍게 비를 뿌려 주더니 또다시 남산 둘레길을 걸으려 하는 날에 비를 가져왔으니 말이다. 운길산을 가던 날은 새벽에 많은 비를 주다가 날이 밝아지면서 거두어 갔는데 이번에는 시간이 갈수록 점점 더 많은 비를 몰고 왔다. 서울시가 남산 숲길을 새롭게 개방하면서 '함께 남산'이라는 표어를 걸고 '제1회 남산 둘레길 걷기축제'를 하는 날인데…. 집을 나섰다. 남들보다 먼저 새로 만들어진 길을 걸어 보고 싶은 욕심이 생겼기 때문이다.

우산을 쓰기도 모호한 가랑비를 맞으며 국립극장 뒤편에

있는 남산공원 북측 순환로 입구에 도착했다. 행사장에 일찍 도착한 사람들은 비옷을 받아 알록달록한 행렬을 만들어 냈고, 그렇지 못한 사람들은 형형색색의 우산을 받쳐들었다. 오색의 물결에 휩싸여 포장된 도로를 100m쯤 걸어가니 새로 개방한 남산 숲길로 유도하는 입구가 나타났다. 남산이라는 선입관 때문인가? 포장되어 있을 거라는 기대와 달리 흙길이 나타나는 바람에 당황했다. 더구나 비까지 내려 질퍽한 둘레길은 미끄럽기도 했다.

그래도 눈앞에 펼쳐진 고운 단풍들은 심산유곡에라도 온 것처럼 착각하게 만들어 곳곳에서 카메라를 들이대고, 스마트폰을 꺼내 든 사람들 때문에 걸음이 지체되곤 했다. 진흙에 미끄러져 낭패를 당한 사람들도 얼굴에서 웃음을 거두지 않았다. 이곳이 서울 한복판이라는 것을 느끼지 못할 정도로 우거진 숲길에 곱게 물든 단풍이 사람들의 마음을 넉넉하게 만든 모양이다.

남산의 단풍은 정말 고왔다. 올 단풍은 가뭄 때문에 곱지 않을 거라고들 했지만 매우 고왔다. 붉은색, 노란색들이 곳곳에서 가을이 깊어가고 있음을 온몸으로 웅변하고 있었다. 그 숲속을 걷고 있는 형형색색의 비옷 입은 사람들도, 원색의 야외용 겉옷을 입은 사람들도 단풍의 일부가 되어 버린 것 같았다. 숲길이 끝났다. 자연 그대로의 풍경이 사람의 손을 많이 받은 풍경으로 바뀌었다. 바로 하얏트 호텔 앞쪽에 조성된 남산야외식물원이었다. 잘 정돈된 공원에도 가을색이 완연히 내려앉은 가운데 곳곳에서 단풍 든 나무들이 눈길을 잡아끌었다. 여전히 가랑비가 내리고 있는 나무들 사이에 행사 진행을 보조하는 젊은 여자가 안내 팻말을 들고 쪼그려 앉아 있었다. 빗속에 계속 서 있다 한기를 느꼈던 모양이다. 그녀에게 "숲속의 요정 같아요."라고 웃으며 말하자 얼굴을 환하게 밝히며 "감사합니다!" 하고 화답해 왔다.

발길 닿는 곳마다 단풍으로 치장한 남산이 새롭게 다가왔다. 그동안 아내가 남산이 아주 멋지다며 바람 쐬러 가자는 소리를 할 때마다 남산에 뭐 대단한 게 있느냐며 거절하곤 했다. 앞으로는 그런 일이 없을 것이다. 도심에 이런 공간이 있다는 것을 몰랐던 나 자신이 부끄러워지기까지 했다. 소파로를 지나면서, 온 산에 불이 난 것 같은 붉은 단풍 숲을 보면서 마침내 자제하고 있던 스마트폰을 꺼냈다. 주머니를 벗어난 스마트폰은 억눌린 욕망을 거침없이 분출하기라도 하듯 눈에 보이는 모든 것을 담기 시작했다. 지난여름, 로마에서 아름다운 보르게세 공원을 부러워했었는데 그보다 더한 풍경이 남산에서는 아무렇지도 않다는 듯 시나브로 나타나고 있었다.

비가 멈출 기색을 보이지 않아서인지 행사는 애초 예정했던 것보다 단축해서 마무리되었지만 나는 끝까지 완주했다. 40여 년을 서울에서 살면서 미처 보지 못한 서울의 또 다른 면모를 보는 즐거움이 컸기 때문이다. 시간이 가면서 빗줄기가 조금씩 더 굵어지기 시작했고 바람도 거칠어지기 시작했다. 단풍이 전해주는 아름다움도, 서울의 새로운 모습도 좋지만 빗속을 걷는다는 게 즐겁기만 한 것은 아니었다. 처음에는 단비였는데 어느덧 번거로운 비로 바뀐 것이다. 아마도 피로를 느끼기 시작한 탓일 게다. 마침내 처음 출발했던 자리로 돌아왔다.

행사 진행요원이 웃으며 "수고했어요."라고 건네주는 상큼한 말 한마디로 순식간에 피로가 날아갔다. "완주하면 주는 기념품 없어요?" 하며 그녀에게 웃으며 묻자 "무대 위에 올라가시면 제가 인증샷 찍어 드릴게요." 그녀가 찍어 준 인증샷을 완주 기념품으로 받았다.

국립극장을 뒤로하고 집을 향해 걸었다. 발 닿는 곳이 첨벙거렸다. 발밑 웅덩이마다 하늘이 위로의 눈물을 흘린 모양이다. 메마른 파삭한 목숨이 활짝 활개 펴고 남은 생명의 물을 머금으라고, 파삭하게 마른 몸뚱이라도 흥건히 적셔 보라고…. 가뭄에 지쳐 쓰러진 가을빛이 다시 일어서진 못한다 해도 이 비를 맞으며 마지막 숨결은 느끼고 떠나겠지. 이 비는 아직 남아 있는 가을 빛깔에게 목을 축이게 하는 달콤한 순간도 주겠지? 눈물을 흘리는 하늘에게 가을이 말하고 있었다. 메마르고 목마른 가슴에 차가운 빗물이 젖줄처럼 몸을 타고 들어올 때 따스한 어미의 온기가 스며들고 있다고. 가을은 말하고 있었다. 잠깐의 겨울잠을 자고 다시 오겠다고.

남산을 적시는 이 비는 파삭하게 마른 가을에게 작별인사를 보내는 하늘의 눈물인 게다.

(2015. 11. 9.)

소원성취

드디어 내일이면 만나러 갑니다. 2년을 벼르고 벼른 끝에 가는 길입니다. 아침에 화들짝 놀라서 깼습니다. 핸드폰에 알람을 설정하고 잤는데 듣지 못한 겁니다. 호들갑을 떤 끝에 겨우 기차에 오를 수 있었습니다. 청량리역에서 목적지까지는 3시간 반이 걸린다고 하니 가는 동안 부족한 잠을 채우면 됩니다. 잠시 졸았나 싶었는데 주변이 시끄러워서 깼습니다. 열차 차장이 차표 검사를 하면서 어떤 승객에게 부정 승차라며 요금 외에 부과금을 더 내라고 실랑이를 하느라 나는 소란이었습니다.

"그래 2년을 기다린 끝에 만나러 가는데 소란스러워 잠을 잘 수 없다고 짜증내면 안 되지." 하며 가을로 넘어가는 차창 밖 풍경으로 눈을 돌렸습니다.

산을 오르기 시작했습니다. 초입부터 경사가 장난이 아닙니다. "내가 매일 10여 Km를 걷는데 이까짓 것쯤이야!" 하며 힘차게 첫발을 내디뎠습니다. 10분을 가지 못하고 주저앉았습니다. 의욕이 너무 앞섰나 봅니다. 목에 걸린 땀수건이 바쁘게 얼굴을 오가기 시작했습니다. 다시 힘을 내어 오르다 보니 아줌마 7명이 앞에 가고 있었습니다. 뒤에서 보는 아줌마들의 엉덩이가 무척 무거워 보입니다. 50M쯤 가다가 한 번씩 쉬는 것 같았습니다. 그러다가 한 여자분이 푸념합니다.

"얼마나 힘들었는지 연주암을 갔다가 집에 와서 보니 엄지발톱이 빠져 버렸더라고. 자식새끼가 뭐라고 재수하는 바람에 입시 잘 치르라고 치성드리려고 갔다가 그랬다니까!" 여자분의 표정은 진지한데 '자식새끼'에서 갑자기 웃음이 터져나왔습니다. 덕택에 잠시 농담하며 숨을 돌렸습니다. 이 여자분들 중도에 포기하고 하산해 버렸습니다.

몇 년 만에 산을 타다 보니 숨이 턱까지 차오릅니다. 포기할까 하는 생각이 수십 번도 더 떠오르는 것을 누르며 무거운 발을 옮겼습니다. 중간에 '나를 버리고 가시는 임은 십 리도 못 가서 발병 난다. 버려진 쓰레기.'라는 안내문이 눈에 띕니다. "재미있게 써 놓았네!" 하고 웃으며 지나쳤습니다. 그렇게 앞으로 나가다 보니 갑자기 숲길이 끝나고 앞이 확 트입니다. 여기까지 오느라 흘린 땀이 한 말은 족히 넘을 것 같은데, 그래서 몸이 가벼워졌는지 탁 트인 공간을 보는 순간 갑자기 몸이 날아갈 것만 같았습니다. 마침내 만났습니다. 민둥산 억새밭입니다. "여기까지 오느라 고생했어. 반가워!" 하고 말하는 듯 억새들은 살래살래 손까지 흔들며 반겨 줍니다. 억새가 이렇게 예쁠 수도 있구나 하고 생각하며 능선을 따라 산꼭대기에 올라섰습니다.

정상에는 '민둥산 1,119m'라고 새겨 놓은 표지석이 서 있었습니다. "뜨악 1,119m라니!" 너무 쉽게 생각했구나 싶었습니다. 그래도 좋은 걸 어떡합니까? 이제 인증샷을 찍어야 합니다. 아! 그런데 아줌마들이 표지석을 점령하고 비켜주질 않습니다. 그리고 내게 묻습니다. "사진 찍을 거예요?" 그 말을 듣고 속으로 구시렁거렸습니다. '그럼 내가 여기 왜 서 있겠수?' 하지만 겉으로는 친절한 미소를 띠며 "네!" 하고 대답했습니다. 한 아줌마가 자기 친구들에게 소리 지릅니다. "여기서 인증샷 꼭 찍어야 해. 안 그러면 남편이 낯선 남자랑 놀러 갔다 온 줄 알아." 이건 또 무슨 소립니까? 하여튼 단체사진에, 독사진에, 좋아하는 친구랑 찍으면서 좀처럼 비켜주지 않는 아줌마들을 바라보며 인내심 테스트를 했습니다.

억새밭에 아쉬움을 잔뜩 남기고 산에서 내려오기 시작했습니다. 한참을 내려오는데 오른쪽 신발이 이상한 느낌을 알려옵니다. '뭐지?' 하면서 살펴보니 이런 맙소사! 신발 밑창이 뒤꿈치부터 신발 중간까지 떨어져 있습니다. 신발 끈을 풀어 밑창까지 둘러매었습니다. 조금 더 가다 보니 왼발도 같은 신호를 보내옵니다. 기가 막힙니다. 어찌 이런 일이! 등산길이 아닌 하산 길에 이렇게 돼서 다행이야 하며 내려오는데 다시 '나를 버리고 가시는 임은 십 리도 못 가서 발병 난다. 버려진 쓰레기.'라는 안내문이 눈에 띕니다. 그때 마침 등산화가 "나를 버리지 마세요." 하고 속삭였습니다. 즉시 대답했습니다. "걱정하지 마! 너를 안 버려. 여기에서 널 버리면 발병 날 텐데?" 민둥산역에 도착하니 오른쪽 신발 밑창이 완전히 떨어져 나갔습니다. 그래도 왼쪽 신발은 의리가 있었는지 집에 도착할 때까지 밑창이 붙어 있었습니다. 참으로 고마운 신발입니다.

재작년에는 민둥산 억새가 멋있다는 말을 처음 듣고 길을 나섰다 '민둥산 억새 축제'가 끝났다고 해서 발길을 접어야 했습니다. 작년에는 민둥산 가는 관광버스를 타려고 아침 일찍 집을 나섰다가 여행객 모집이 안 되어 일정이 취소됐다고 해서 못 갔습니다. 민둥산 억새는 10월 중순쯤에 가장 예쁘다고 합니다. 비록 때늦은 억새밭에 다녀왔지만 만족합니다. 소원성취했으니까요.

(2014. 12. 14.)

5

사람의 향기

우연히 보게 된 투르 드 프랑스

시테섬으로 가기 위해 호텔을 나섰다. 노트르담 대성당과 생트샤펠, 콩시에르주리를 보고 유명한 퐁네프를 지나 마레 지구의 퐁피두 미술관과 피카소 미술관 등을 돌아보기 위해서였다. 호텔에서 5분 거리에 있는 튈르리역에서 전철을 타고 서너 정거장이면 닿을 수 있는 곳이기도 했다.

전철역으로 가는데 분위기가 이상했다. 길가에 바리케이드가 쳐 있고 차량통행은 물론 사람도 길을 건너지 못하게 통제하고 있었다. 이 무렵에는 유럽의 주요 도시들이 폭탄테러를 당하거나 위협을 받고 있을 때였다. 이런 위협 때문에 여행 성수기임에도 불구하고 파리 시내도 한가했다. 차량통행

제한 조치가 혹시 폭탄테러 조짐 때문인가 하는 생각이 들어 전철역 역무원에게 물으니 자전거 경주대회(Cycling Event) 때문이라고 했다. 우려했던 상황은 아니어서 마음이 놓였지만 무슨 행사가 이토록 요란할까 하는 생각을 하며 전철에 올랐다.

시테섬과 마레 지역을 돌아보고 나서 지친 몸을 끌고 전철에 올랐다. 맙소사! 전철이 튈르리역에 서지 않고 그냥 통과해 버렸다. 도리 없이 다음 역인 콩코드역에서 내렸는데 여기에서도 튈르리 정원 쪽으로는 나가지 못하게 출구를 막고 있었다. 짜증도 나고 불안한 마음도 들어 자원봉사를 하는 젊은이에게 이유를 물으니 자전거 경주대회 때문에 튈르리 일대의 출입이 모두 금지되었다는 것이다. '도대체 무슨 행산데 이렇게 난리야?' 하는 생각을 하며 튈르리로 갈 방법을 물었다.

그는 한 정거장 다음에 있는 마들렌역까지 가서 다른 노선의 전철을 타고 피라미드역에서 내려 튈르리까지 걸어가라고 했다. 젊은 친구가 친절하게 설명해줬지만 지친 몸을 끌고 그렇게 가려니 짜증이 극에 달했다. 우여곡절 끝에 튈르리 정원 앞까지 왔다. 도로변은 아침과 달리 한 발짝도 떼기 어려울 정도로 사람들로 가득했다.

인파를 뚫고 호텔로 가려는데 경찰이 길을 막고 모든 사람의 소지품을 검사하고 있었다. 영문을 알 수 없어 경찰에게 무슨 일이 있는지 물었더니 퉁명스럽게 그냥 가라고만 했다.

"이런 싸가지 하고는!"

수많은 사람이 오가는 길을 막고 일일이 소지품을 검사하다 보니 길이 매우 혼란스러웠다. 그런데도 불평하는 사람이 하나도 없었다. 오히려 사람들의 표정은 밝았다. 어렵게 앞으로 나가는데 문득 '투르 드 프랑스' 하는 소리가 들려왔다. 그 소리는 사방에서 들려왔고 뭔지 모르게 사람들이 흥분해 있는 것 같았다.

주변을 둘러보니 투르 드 프랑스가 그려진 셔츠를 입은 사람들이 많이 보였다. 기념품 가게에도 셔츠가 가득했다. 그랬다. 세계적인 도로 사이클 경기대회인 투르 드 프랑스가 사람들을 끌어모은 것이다. 이 순간을 위하여 튈르리 일대의 차량통행을 온종일 통제했던 모양이다. 튈르리를 지난 선수들은 콩코드 광장을 돌아 샹젤리제 거리를 질주한 뒤 개선문에 골인하여 우승자를 가르게 된다. 사람들의 술렁임이 점점 커졌다. 잠시 후 선수들이 질주하는 모습을 중계하는 전광판 차량이 나타났다. 화면일망정 선수들의 모습이 보이자 사람들은 일제히 엄청난 환호를 질렀다. 호텔로 돌아갈 게 아니라 선수들의 모습이 잘 보이는 자리를 찾아야 했다.

이 극적인 광경을 튈르리 정원과 루브르 사이의 지하차도 근처에서 보게 되었다. 키 큰 유럽인들 틈바구니에 서서 까치발을 하고 핸드폰을 높이 들어 동영상을 찍으려 하는 모습이 안쓰러웠는지 젊은 친구들이 자리를 양보해줬다. 고맙기도 하지. 지쳐있던 몸이 다시 생기를 되찾아 그들과 함께 환호하고 웃었다. 역무원이나 자원봉사자들이 말한 자전거 경주대회는 Tour de France였다. 이런 행사가 있다는 사실을 전혀 모르고 있다가 우연히 투르 드 프랑스의 마지막 날을 함께 하는 행운을 누렸다. '깜짝쇼'를 보았으니 여행의 본전은 뽑은 셈인가?

(2016. 7. 25.)

후에(Hue)의 눈물

하이반 고개를 지나 후에로 향했다. 랑코 비치를 지나 20여 분쯤 가니 도로 양편으로 'Bun Bo Hue'라는 간판이 달린 가게들이 나타나기 시작했다. 호텔 직원이 후에에 가면 꼭 먹어 보라며 알려 준 토속음식 이름이다. 아는 만큼 보인다는 말이 참으로 엉뚱하게 적용됐다. 후에 가는 길에는 다른 곳에서는 잘 보이지 않던 공동묘지가 자주 눈에 띄었다. 장례를 치르는 모습도 보였다. 색다른 풍경을 보며 베트남 전쟁 당시의 '후에 대학살'이 떠오른 것은 지나친 상상이겠지?

카이딘 황릉에 도착했다. 혹자는 '세상에서 가장 아름다운 무덤'이라고도 한다. 카이딘 황제는 베트남의 마지막 왕조인 응우옌 왕조의 12대 황제로 재위 기간은 1916년부터 1925년까지 9년에 불과했다. 국민들은 “조국을 프랑스에 팔아넘기고 민중들은 프랑스에 착취당하고 있는데, 궁전에서 화려한 생활만 하고 있다.”라며 카이딘 황제를 비난했다. 능은 1920년에 시작하여 1931년에 완성된 건축물로 바로크 양식에 중국 및 베트남 양식이 가미됐다고 한다. 무덤 같지 않은 이 건축물은 프랑스 식민지배의 영향으로 베트남의 전통이 무너져 내리는 것을 보여주는 상징물이라는 평가도 받는다.

계성전. 카이딘 황제가 잠들어 있는 곳이다. 황제의 신장은 150cm 정도로 관료를 뽑을 때도 자기보다 큰 사람은 뽑지 않았다는 이야기가 전해온다. 황제의 관은 동상 아래 18m 지점에 안치되어 있다. 황제는 능을 만들기 위해 후에에서 목조 군함과 죄수, 궁인들을 동원했고 수많은 풍수지리학자의 의견을 받아 산의 경사면을 깎았다고 한다. 자기의 유택인 능을 짓기 위해 카이딘 황제는 정부 예산의 30%를 쏟아부었고 이로 인해 폭동까지 일어났었다고 하니 얼마나 큰 공사였는지 미루어 짐작할 만하다. 체구도 작았고 국민의 사랑도 받지 못한 카이딘 황제는 무엇 때문에 자기의 능에 그토록 많은 집착을 했을까? 덕분에 많은 외국인 관광객을 끌어들여 베트남 국민의 소득 증가에 작게라도 일조하고 있으니 죽어서나마 공덕을 쌓은 셈일까?

민망(明命) 황제 능으로 향했다. 응우옌 왕조의 두 번째 황제로 1820년부터 1841년까지 황위에 있었다. 1832년에는 미선(美山)에 있던 참파국을 병합하였다. 하지만 개국을 요구하는 프랑스와 갈등이 시작되어 식민지가 되는 빌미가 된 시기이기도 하다.

민망 황릉의 특징은 후에에 있는 황궁(Dai Noi)과 비슷하다는 점일 것이다. 카이딘 황릉이 서구적 건축을 바탕으로 중국과 베트남 양식을 가미한 것인데 반해 민망 황릉은 중국 양식으로 조성되었다. 특히 정원이 아름다워 온종일 머물러도 지루하지 않을 것 같은 곳이었다. 민망 황릉을 최고의 황릉으로 꼽기도 하는데 수긍이 간다. 능이라기보다는 공원이라는 표현이 어울릴 정도로 고즈넉하고 아름다운 곳. 민망 황릉을 보고 호딴응웯(Ho Tan Nguyet) 연못을 건너오던 유럽인들 가운데 한 명이 나를 보며 "It's for you." 하며 연못을 가리킨다. 영문을 몰라 그의 손가락을 따라가 보니 금붕어가 지천이다. 금붕어들은 사람들이 주는 먹이에 익숙해진 듯 인기척만 들려도 우르르 몰려들었다. 그 외국인이 다시 내게 말했다. "Totally for you." 그를 보며 웃으며 대답했다. "Thank you. Thank you very much!" 우리는 그렇게 서로를 웃으며 바라봤다. 민망 황릉이 가져다준 여유일까?

향강(香江)이 내려다보이는 언덕 위에 있는 티엔무탑(天姥塔)으로 이동했다. 1601년에 건립된 8각 7층 석탑이다. 높이가 21m가 넘는 이 탑은 베트남을 대표하는 건축물 중 하나로 꼽히기도 한다. 탑의 양옆으로는 두 개의 정자가 있는데 그 중 하나에는 큰 거북의 등 위에 세워진 비석이, 다른 하나에는 2톤이 넘는 거대한 종이 자리 잡고 있다. 티엔무탑을 지나 안쪽으로 들어가면 영모사(靈姥寺)가 있다.

티엔무탑 인근에는 응오 딘 디엠 대통령의 불교 탄압과 독재에 항거하여 분신한 틱꽝득(1897~1963) 스님의 차가 보관되어 있다. 경이로운 것은 스님의 소신공양(燒身供養)에도 불구하고 심장은 전혀 타지 않았다는 것이다. 이 사건 이후 응오 딘 디엠 정권이 붕괴하면서 베트남전이 시작되었고 스님은 불의에 대한 저항의 상징으로 남았다. 분신 당시 틱꽝득 스님은 영모사(靈姥寺)의 주지였다고 한다.

외세의 침략이 가중되고, 식민지배를 받으면서도 호화스러운 무덤 조성에 몰두했던 응우옌 왕조의 황제들. 만약 틱꽝득 스님이 카이딘 황제나 민망 황제의 치세에 부당함을 지적하며 소신공양을 했더라면 베트남의 역사가 달라졌을까? 티엔무사원 앞을 흐르는 향강은 오늘도 말이 없다. (2017. 7. 24.)

슬픔을 간직한 도시, 에든버러

에든버러에 가면 누구나 들르게 되는 로열 마일, 『로빈슨 크루소』로 유명한 영국 소설가 대니얼 디포가 『대영제국 여행기』에서 “영국에서뿐만 아니라 세계에서 가장 넓고 길고 멋진 거리”라고 감탄한 로열 마일이 에든버러성에서부터 시작된다.

에든버러성에서 동쪽의 홀리루드하우스궁전을 잇는 약 1.6km의 거리를 로열 마일이라 부른다. 왕족과 귀족들만이 통행할 수 있었고 거리가 대략 1마일인 까닭이다. 서민들은 클로스(close)라 불리는 좁은 골목길로 다녀야 했다. 마치 생선 등뼈처럼 구시가지 중심부에서 좌우로 곧게 뻗은 큰길이 로열 마일, 생선의 작은 가시처럼 위아래로 생겨난 길이 클로스다.

로열 마일 거리를 따라 에든버러를 대표하는 역사적 건물들이 즐비하게 늘어서 있다. 에든버러에서 가장 높은 첨탑을 가진 톨부스 교회, 세인트 자일스 성당, 화려한 스테인드글라스로 유명한 옛 스코틀랜드 국회의사당, 감옥에서 사회사 박물관으로 탈바꿈한 캐넌게이트 톨부스, 17세기에 세워진 서민들의 공동주택 글래드스톤스 랜드 등이 바로 이것들이다. 이런 역사적 건물 외에도 톨부스 교회 옆에는 유명한 스카치위스키 박물관이 있고 어린이박물관, The Peoples Story 등 에든버러의 역사를 짐작하게 할 수 있는 볼거리들이 있다.

모두 다 흥미로운 가운데 특히 관심을 끈 것은 에든버러 시민들의 생활사를 보여주는 The Peoples Story였다. 18~20세기의 선술집, 가정집, 감옥, 의상실 등을 실제 사용한 가구와 장식품 등을 이용하여 재현해 놓은 곳이다. 당시의 퀴퀴한 냄새까지 재현했다고 한다. 생선의 등뼈를 따라 왕족과 귀족 그리고 부유층들이 사치와 향락을 만끽하고 있을 때 대부분 서민은 생선의 잔가시와 같은 열악한 환경에서 삶을 겨우 영위하고 있었다.

서민들의 고단한 삶을 반영하듯 에든버러에는 유난히도 유령에 얽힌 이야기들이 많다. 그것도 귀엽거나 친근한 그런 유령이 아니고 우리나라의 「전설의 고향」에 나오는 귀신들처럼 한 많고 포악한 유령들의 이야기다.

클로스는 끝이 뚫려 있는 곳도 있고 막혀 있는 곳도 있었다. 좁은 골목길로 구성된 클로스는 대부분 햇빛이 들지 않고 음침해서 발을 들이기가 조심스러웠다. 이런 주저함은 나만의 것이 아니었는지 호기심 때문에 발을 디뎠던 여성 관광객 중에는 내 곁에 바짝 붙어 걷는 사람도 있었다.

로열 마일의 끝에 있는, 홀리루드 수도원의 게스트하우스였던 홀리루드하우스궁. 1536년부터 시작된 헨리 8세의 종교개혁에 따른 수도원 파괴 이후 게스트하우스는 궁으로 바뀌었고 수도원은 폐허가 되었다. 오늘날 홀리루드하우스궁은 엘리자베스 여왕이 여름 궁전으로 쓰고 있다. 화려한 궁과 폐허가 된 수도원의 잔재. 마치 로열 마일을 중심으로 향락과 부를 즐긴 귀족들의 삶과 클로스에서 열악하게 살았던 서민들의 삶을 절묘하게 투영하고 있는 듯하다.

1985년 도시 전체가 유네스코 세계문화유산으로 지정된 에든버러. 신시가지에도 구시가지에도 거장들의 손길이 닿은 화려하고 고색창연한 건물이 시선을 빼앗는 곳. 그 화려한 도시의 뒤편에 감추어진 슬픈 노래가 들려오는 듯하다.

(2018. 5. 8.)

한 수 위?

2015년 초. 아내와 이탈리아로 여행을 가려고 항공권과 호텔은 물론 예약하면 최대 70%를 할인해 준다는 열차까지 날짜를 짚어가며 예약을 마쳤다. 일찍부터 서두른 덕에 꽤 큰 돈이 절감되었다. 일정을 짜는 동안 가슴이 설레었고, 이제야 남편 노릇 한번 제대로 한다는 생각에 뿌듯한 마음도 들었다. 한편으로는 절감된 비용을 계산해 보며 부지런한 새가 먹이를 먹는다더니 마치 우리보고 하는 얘기 같다며 마주 보고 웃기도 했다.

출발 일자를 손꼽아가며 기다리는데 갑자기 메르스 사태가 전국을 공포로 몰고 갔다. 하루가 다르게 환자가 발생하고 매스컴에서는 허둥대는 정부를 질타하며 사태가 쉽게 가라앉지 않을 것처럼 호들갑을 떨었다. 설상가상으로 유럽으로 여행을 떠났던 한국인들이 입국과 동시에 한동안 격리되었다는 기사를 보며 여행을 강행할 것인지 아닌지를 진지하게 고민해야 했다. 여행을 포기하면 출혈이 너무 컸다. 비용을 줄이려고 호텔도 열차도 취소 불가능 조건으로 예약했기 때문이다. 부지런한 새가 아니고 일찌감치 먹이를 구하러 나왔다가 새에게 잡아먹힌 부지런한 벌레였나? 비용을 아끼려고 서둘렀다가 진퇴양난에 빠져 버렸다.

이탈리아 여행을 구상하게 된 것은 아내와 함께 가보고 싶은 곳이 있었기 때문이다. 밀라노로 출장 갔다가 짬이 생겨 반나절 동안 들렀던 마조레 호수였다. 밀라노에서 북쪽으로 1시간 남짓 가면 나타나는 이탈리아 알프스 기슭에 있는 호수다. 호수도 알프스도 아름다웠지만 호수가 품고 있는 섬에 더욱 매료됐었다. 어쩌면 틈새 시간에 들러서, 다시 오기 어려울지도 모른다는 아쉬움 때문에 강렬한 인상을 받았는지도 모른다.

마조레 호수는 세 개의 섬을 품고 있었다. 공주의 섬이라는 이졸라 벨라, 공주의 엄마가 사는 섬이라는 이졸라 마드레 그리고 어부의 섬이라 불리는 이졸라 페스카토리가 그것이다. 세 개의 섬 중 가장 크고 아름다운 섬이 이졸라 벨라다. 이 섬에는 1632년 카를로 3세가 그의 아내 이자벨라를 위해 지은 보로메오 궁전이 있다. 그때까지 내가 본 유럽의 궁전 중에서 이만큼 아름답고 화려한 곳은 없었다. 호숫가에서 섬까지는 보트로 약 10분쯤 걸렸는데 섬에 다가갈수록 나타나는 멋진 조경이 절로 탄성을 자아내게 했다.

호기심에 서둘러 섬에 오르자 하얀 공작새가 깃털을 활짝 펴고 환영하듯, 시위하듯 불쑥 나타났다. 잘 관리된 정원수와 각종 조각으로 장식된 정원은 눈 돌리는 곳마다 화보였다. 보로메오 궁전으로 들어갔다. 방 하나하나를 지날 때마다 찬사가 절로 나왔다. 도대체 누가 이런 기획을 하고 건축을 했는지 그의 천재성에 새삼 놀라곤 했다. 그야말로 별세계에라도 온 것 같은 착각을 불러일으켰다. 무솔리니가 별장으로 사용했고, 2차 세계대전 종전을 위한 첫 번째 회담이 열렸다는 화려한 궁전을 보며 동행한 직원에게 말했었다.

"오늘날에도 이런 궁전을 짓고 나면 웬만한 나라는 거덜 나겠다."

이탈리아 여행을 생각하면서 왜 이졸라 벨라를 떠올렸을까? 아니 이졸라 벨라를 가려고 이탈리아 여행을 구상한 것은 아니었을까? 자칫하다가는 카를로 3세와 비교돼서 두고두고 잔소리를 들을 수도 있는데…. 현실적으로는 해줄 수 없으니 그곳에 가서 잠시나마 카를로 3세와 이자벨라 흉내라도 내며 정신적 사치라도 해보려고? 다행히 메르스 사태가 진정되어 여행을 떠날 수 있었다. 부지런한 벌레는 아니고 새였던 모양이다.

여행 일정을 마치고 귀국하기 하루 전날, 아내는 짐짓 마조레 호수를 외면했다. 그렇게 이탈리아에서 돌아오고 시간이 흘러 여행이 주는 즐거운 여운도 사그라지자 아내는 마조레 호수에 데려가지 않았다며 약속을 지키라고 다그친다. 마조레 호수를 외면한 이유가 이것이었나?

(2015. 6. 20.)

어쩌라고…

인천에서 출발한 비행기는 저녁 무렵 프랑크푸르트 공항에 도착했다. 이곳에서 열차를 이용하여 곧바로 첫 번째 여행지인 뷔르츠부르크로 이동했다. 독일 열차의 지연운행은 일상이었다. 프랑크푸르트 공항에서 뷔르츠부르크로 가는 열차도 늦게 도착하는 바람에 호텔에는 거의 자정이 되어서야 체크인을 할 수 있었다. 도착하는 날부터 깊은 밤에 낯선 도시를 헤매다니….

독일에 있는 동안 제시간에 출발한 열차를 탄 것보다는 지연된 열차를 탄 횟수가 월등히 많았다. 그런데도 항의하는 사람은 없다고 한다.

쾰른에서 프랑크푸르트로 이동할 때였다. 항상 그랬듯이 열차 출발 예정시간보다 20분쯤 일찍 플랫폼으로 갔다. 실수하거나 돌발 상황이 벌어졌을 때 대처할 수 있는 시간을 만들기 위한 나름의 방책이었다. 열차 출발시각이 가까워지자 뉘른베르크행 열차가 15분 늦어진다는 안내가 전광판에 나타났다. 우리가 탈 열차는 프랑크푸르트를 거쳐 뉘른베르크까지 가는 열차였다. 열차는 7번 플랫폼으로 들어오게 되어 있었는데 바로 옆 6번 플랫폼에도 뮌헨행 열차가 40분 늦어진다는 안내가 표시되어 있었다. 뉘른베르크행 열차는 15분은 커녕 35분이 지났어도 오지 않았다. 예정시간이 훨씬 지났어도 플랫폼을 가득 메운 사람들은 아무렇지도 않은 듯 조용히 기다리고 있었다.

참으로 낯선 풍경이었다. 그러다가 갑자기 전광판에서 뉘른베르크행 열차가 사라졌다. 예기치 않은 일에 당황해하자 옆에 있던 독일 여자가 "역무원이 그러는데 열차가 곧 도착한대요."라며 우리를 안심시켜줬다. 바로 그 순간 안내방송이 나왔다. 보통은 독일어에 이어 영어로도 했는데 이번에는 독일어로만 안내하고 방송이 끝났다. 어리둥절해하자 친절한 독일 여자가 플랫폼이 7번에서 6번으로 바뀌었다며 자기를 따라오라고 손짓을 했다. 그때 7번 플랫폼으로 진입하는 열차가 있었다.

혹시나 하는 마음으로 진입하는 열차의 목적지를 확인했다. 맙소사! 프랑크푸르트를 거쳐 뉘른베르크로 가는 바로 그 열차였다. 6번 플랫폼으로 옮겨가는 대신 서둘러 열차에 올랐다. 하지만 대부분 승객은 머뭇거리기만 할 뿐 열차에 오르려 하지 않았다. 심지어 아내는 내게 하차할 것을 요구했다. 얼굴을 찌푸리며 승차하도록 채근하자 마지못해 열차에 오르기는 했지만 불안한 기색이 역력했다. 잠시 후 독일어로 안내방송이 나오더니 플랫폼에 있던 승객들이 우르르 열차에 오르기 시작했다. 그 사람 중에는 친절한 독일 여자도 섞여 있었다. 독일철도 시스템의 만성적인 지연 운행에 독일어 소통능력 부재가 겹쳐 하마터면 열차를 놓칠 뻔했다.

소통이 안 돼 어려움을 겪은 일은 이것만이 아니었다. 뉘른베르크에서 열차로 40분쯤 거리에 밤베르크가 있다. '독일의 베니스'라는 별명이 붙은 작고 예쁜 도시다. 호텔에 여장을 풀고 알텐부르크성(Altenburg Castle)으로 향했다. 밤베르크에서 가장 높은 곳에 있어 전망이 아주 뛰어나다는 곳이다. 구글을 검색해서 그곳으로 가는 버스에 올랐다. 버스는 출발한 지 5분도 되지 않아 ZOB, 즉 종합버스터미널에 도착했다. 그곳에서 모든 사람이 하차했다. 이렇게 황당할 수가….

기사에게 알텐부르크성으로 가는 버스를 알려 달라고 해도 그는 콧방귀도 뀌지 않았다. 영어를 못 알아듣는 건지 아니면 동양 사람이라고 무시하는 건지…. 우여곡절 끝에 목적지를 찾아갈 수 있었다.

밤베르크에서 겪은 것과 비슷한 일을 베를린에서도 겪었다. 베를린 동물원 역에서 알렉산더 광장을 오가는 시내버스는 베를린 시내의 주요 관광지를 대부분 지나가기 때문에 관광객들에게 인기가 높았다. 저렴한 시티투어 버스나 다름없었다. 이층 버스가 오기를 기다렸다가 2층 맨 앞자리에 앉았다.

버스는 출발한 지 10분쯤 지나 전승기념탑에 도착하여 로터리를 한 바퀴 돌더니 정류장에 멈췄다. 전승기념탑을 다양한 각도에서 찍을 기회를 주었다며 좋아하고 있는데 운전기사의 안내방송이 나왔다. 방송이 끝나자 몇 사람만 남기고 우르르 내렸다. 남은 사람들은 독일어를 못 알아듣는 관광객들이었다. 고등학교 때 열심히(?) 배웠던 독일어는 수십 년의 시간이 지나는 동안 'Ich liebe dich!'만 남기고 모두 사라진 모양이다. 잠시 후 버스 기사가 내리라고 손짓하는 바람에 엉거주춤 내렸다. 버스 종점이란다. 알렉산더 광장이 종점인 줄 알았는데…. 덕택에 그날 일정은 제대로 꼬여 버렸다.

드레스덴의 호텔에서 친절한 독일인을 만났다. 그는 우리를 보자 미소를 지으며 "Guten Morgen, morgen!" 하며 인사를 보냈다. 나도 입가에 웃음을 지으며 "Guten morgen!" 하고 응대를 했다. 엘리베이터에 오르자 그는 내가 독일어를 할 줄 안다고 생각했는지 빠른 속도로 말했다. 그의 말 속에 Japanisch와 Koreanisch가 섞여 있어서 일본사람인지 혹은 한국 사람인지 묻는 것 같아서 "Korean!"이라고 대답했다. 맞는 대답을 했던 모양이다. 이어서 그가 여전히 빠른 말로 뭔가를 묻는데 말 속에 Deutsche와 Englisch가 섞여 있었다. 짐작으로 독일어도 할 수 있느냐, 아니면 영어만 할 수 있느냐 하고 묻는 것 같아 짧은 영어로 "English, little bit!" 하고 대답했다. 순간 사내가 표정을 일그러뜨리며 "Hier ist Deucheland…." 하고 내뱉듯 말하고는 뒤도 돌아보지 않고 사라졌다. 독일에 왔으면 최소한의 독일어는 알고 왔어야 하는 것 아니냐는 불만을 나타낸 것 같았다.

나도 그러고 싶다. 하지만 어쩌라고…. 짧은 영어든, Body language든 그 나라 여행하는 데 지장만 없으면 되는 것 아닌가? 실수하면 대가를 치르면 되고….

(2019. 6. 18.)

아는 만큼 보인다

독일 여행의 마지막 기착지인 프랑크푸르트에 도착했다. 여행 기간이 20일을 넘어가니 몸도 마음도 지쳐가기 시작했다. 누군가에 의해 등을 떠밀려 떠나온 여행이 아닌데, 그래서 아직은 미지에 대한 호기심이 사그라지면 안 되는데 몸이 지쳐가니 의욕도 떨어졌다.

사실 여행을 계획하면서 프랑크푸르트를 포함한 것은 주변에 있는 하이델베르크나 뤼데스하임에 가기 위한 거점의 의미가 컸다. 그 계획이 피곤함 때문에 흔들린 것이다. 주변 도시로의 여행을 포기하고 남은 시간은 휴식을 겸해서 느릿하게 보내기로 했다.

느지막하게 아침을 먹고 뢰머 광장으로 갔다. 뢰머는 '로마'의 독일어 표현으로 로마군이 주둔했던 곳이라고 해서 붙인 이름이다. 중세시대의 아름다운 건축물이 병풍처럼 둘러싸고 있는 뢰머 광장에는 이미 많은 사람이 나와 있었다. 프랑크푸르트를 대표하는 관광명소라는 명성에 걸맞은 북적임이었다. 뢰머 광장에서 멀지 않은 곳에 카이저 돔이 있다. 서기 1355년부터 신성로마제국 황제를 선출한 유서 깊은 성당이다. 1562년부터 1792년까지 230년 동안에는 황제의 대관식도 이곳에서 치러졌다고 한다. 역사적으로 중요한 장소인 것은 분명한데 세습되는 것으로 알고 있던 황제가 선출된 곳이라는 말에 어리둥절해졌다.

뢰머 광장에는 건물 세 채가 나란히 있는 프랑크푸르트 시청사 등 중세시대 건물들이 지금도 남아 있다. 대관식을 마친 황제는 가운데 건물 2층 테라스에 앉아 축하연을 열었다. 이 축하연에 참석한 사람이 5만여 명에 이르렀다고 하니 대단한 장관이었을 것이다. 오늘날에도 2층 테라스에는 영국 여왕 엘리자베스 2세와 같은 특별한 사람들만 오를 수 있는데 프랑크푸르트 축구팀 소속이었던 차범근 선수도 한국인으로는 유일하게 이곳에 올랐었다고 한다.

대관식을 거행한 카이저 돔은 어떤 모습일까? 황제를 선출하고 대관식까지 치른 성당이라 하니 대단히 웅장하고 내부 장식이 화려할 것 같았다. 내부 수리 중이라는 말을 전해 듣고 실망하기는 했지만 겉모습이라도 보려고 천천히 걸음을 옮겼다. 뢰머 광장에서 카이저 돔으로 가는 골목길을 지나는데 많은 사람이 군데군데 무리를 지어 해설사의 설명을 듣고 있는 모습이 보였다. 주위를 둘러봐도 특별히 눈에 띄는 건물이 없는데 무슨 일이지 싶어 무리 속에 끼었다. 이런 독일어다! 알아들을 수가 없어 슬그머니 발길을 돌리려는데 해설사가 손가락으로 건물 지하를 가리켰다. 지하에는 벽돌로 견고하게 쌓아 놓은 건물의 잔해들이 보였고 곳곳에 안내문도 세워져 있었다.

지하로 연결되는 입구에는 카이저 팔츠라는 단어와 함께 독일어와 영어로 된 긴 안내문이 있었다. 글을 대강 훑다 보니 '군사들의 목욕 시설….' 운운하는 내용이 보였다. 뢰머 광장과의 관계가 연상되어 '내세울 게 저리도 없어 로마 병사들의 목욕 시설을 신줏단지 모시듯 하나?' 하고 유구(遺構)의 성격을 속단해 버렸다. 유구들을 대강 살펴보고 카이저 돔으로 향했다. 내부 수리 중이어도 입장은 가능했다. 성당은 생각보다 작고 내부 장식도 소박했다. 기대와 다른 소박한 성당에 실망했는지 갑자기 피로가 엄습해 왔다. 휴식을 취하려고 일찌감치 호텔로 돌아왔다.

피로가 풀리자 호기심이 슬그머니 고개를 쳐든다. 카이저는 황제를 뜻하는 말인데 병사들이 머물던 곳에 카이저라는 명칭을 붙였다는 게 어울리지 않았다. 자료를 찾아보니 팔츠(Pfalz)는 독일어로 궁정을 뜻했다. 카이저 팔츠는 '황제의 궁정'이지 병사들과 관련된 것이 아니었다. 그럼 프랑크푸르트가 신성로마제국의 수도였고 카이저 팔츠가 있던 자리가 황궁이었단 말인가? 낯설었다. 아무리 기억을 더듬어 봐도 신성로마제국의 수도가 프랑크푸르트였던 것 같지는 않았다.

신성로마제국의 황제는 선거권을 가진 7명의 선제후(選帝侯)에 의해 추대되는 선출직 임금이었다. 당연히 중앙정부의 통치력은 미약했다. 이런 사정 때문에 황제는 황궁에만 머물 수가 없었다. 각 지역을 돌며 영주를 감시하고 달래며 국가를 통치해야 했다. 이때 황제가 일시적으로 머무는 궁전을 '팔츠'라고 불렀다. 팔츠는 하루 동안 이동할 수 있는 거리인 12~30Km마다 세워졌다. 팔츠가 없는 곳에서는 주교가 다스리는 도시나 수도원에 머물렀다.

황제는 지정된 여정을 따라 이동했다. 이 일정표가 이티네라레(Itinerare)다. 오늘날 여행사에서 고객에게 주는 여행 일정표(Itinerary)의 어원이다. 황제가 1년 내내 전국을 순행하니 고정된 수도가 없다. 황궁도 없다. 신성로마제국은 황제가 프랑크푸르트의 카이저 돔에서 대관식을 하고, 뢰머 광장에서 축하연을 연 다음 팔츠를 옮겨 다니면서 왕국의 법과 질서를 유지한 '유랑 왕국(流浪王國)'이었던 것이다. 카이저 팔츠 덕택에 뜻하지 않은 곳에서 신성로마제국에 관한 공부를 했다.

'카이저 팔츠'를 이해하고 나니 현장을 다시 보고 싶어졌다. 아직 해가 남아 있어서 부리나케 호텔을 나섰다. 처음과는 달리 모든 것이 새롭게 보였다. 독일 여행을 하며 지나쳐 온 도시들 가운데 뷔르츠부르크, 로텐부르크, 뉘른베르크, 밤베르크, 쾰른 그리고 프랑크푸르트에 카이저 팔츠가 있었다. '중세시대 건축물이 잘 보존된 곳'이라는 수식어가 붙어 있던 도시들이다. 아쉬웠다. 진즉에 카이저 팔츠를 알았더라면 도시를 보는 눈이 달라졌을 텐데, 도시가 말하려는 것을 좀 더 많이 알아들었을 텐데…. '아는 만큼 보인다는 말'이 어느 때보다 크게 가슴에 다가왔다.

(2019. 6. 7.)

전화위복(轉禍爲福)

런던에서 윈저성으로 가는 방법은 해머스미스역에서 기차를 타는 방법과 빅토리아 코치 스테이션에서 버스를 타는 방법이 있다. 이왕이면 두 가지 교통수단을 모두 겪어보고 싶어 갈 때는 버스를, 돌아올 때는 기차를 타기로 했다.

마침 일요일이어서 버스가 붐빌 것으로 예상하고 아침 일찍 숙소를 나와 빅토리아역에 도착했다. 버스터미널인 빅토리아 코치 스테이션은 빅토리아역에서 가까운 곳에 있다고 했는데 황당하게도 버스터미널을 찾지 못해 헤매고 말았다. 불안한 마음이 겹치면서 짜증을 내다가 20여 분만에 겨우 버스터미널에 도착했다. 그다음엔 매표소를 찾느라 또 우왕좌

왕해야 했다. 우리나라처럼 매표창구가 따로 있는 게 아니라 여행사 사무실 같은 작은 공간에서 버스회사별로 승차권을 팔고 있었기 때문이다. 어렵게 사무실을 찾아 승차권을 사려고 하니 자기들은 왕복표만 팔고 편도의 경우는 버스 기사에게 직접 사라고 한다. 뭐가 이리 복잡해? 투덜거리며 승차장에 가보니 버스는 이미 떠나 버렸고 다음 버스는 1시간 뒤에 출발한단다. 아침 일찍 나서고도 버스를 타지 못하게 되자 공연히 화가 났다. 짧은 여행 기간에 공연히 기다리는 시간도 아까워 윈저성 가는 날을 뒤로 미루었다.

빅토리아역에서 15분쯤 걸어가면 영국 여왕이 거주하는 버킹엄궁이 나온다. 이틀 전에 근위병 교대식을 보러 갔던 곳이다. 11시부터 시작되는 교대식을 보려고 이른 아침부터 버킹엄궁 앞에는 사람들로 인산인해를 이루고 있었다. 궁 안에는 들어가지도 못하고 철창으로 만든 담장 틈 사이로 봐야 하는데 그렇게라도 보겠다는 사람들이 일찌감치 모여든 것이다.

이틀 전과 다름없이 철창에 매달려 있는 수많은 사람을 보며 교대식이 시작되기 전에 근처에 있는 Queen's Gallery를 먼저 관람했다. 흥미로운 것은 궁이 있는 곳에는 대부분 Queen's Gallery가 있다는 점이었다. 그리니치에도, 켄싱턴에도 그리고 에든버러의 홀리루드에도 있었다. 여왕의 살림

살이가 그토록 많은 사람의 호기심을 불러일으키나?

버킹엄궁 인근에는 Queen's Gallery 외에 Royal Mews도 있다. 왕실에서 쓰는 의전용 차량과 호화스러운 마차와 말을 보관하는 왕실 마구간이 있고, 버킹엄궁에서 일하는 시종들의 숙소가 있는 곳이다. 화려한 마차를 제외하고는 특별히 눈요기할 만한 것도 없으면서 입장료만 비쌌다. Royal Mews를 관람한 뒤 걸어서 5분쯤 거리에 있는 버킹엄궁 앞으로 갔다. 근위병 교대식을 한 번 더 보고 워털루 전투의 영웅 웰링턴의 동상과 그의 저택이 있는 곳으로 갈 요량이었다.

버킹엄궁 근처에서 엄청난 함성이 들려왔다. 여왕이 생활하고 근무하는 궁 앞에서 터져 나오는 함성에 순간 광화문 집회를 연상하며 잰걸음으로 가보니 뜻밖의 광경이 펼쳐졌다. 그리니치에서 출발해서 버킹엄궁에 골인하는 '2018 런던 마라톤대회'를 보려고 수많은 관중이 모여 있었던 것이다. 그곳에 도착했을 때 1위를 한 선수는 이미 골인을 했고 관중들은 순위와 관계없이 완주하는 마라토너들에게 계속해서 환호와 박수를 보내고 있었다. 그야말로 축제의 장이었다. 뜨거운 축제를 같이 즐기려고 그들이 그랬던 것처럼 나도 무리 속에 끼여 환호와 박수를 보냈다. 대박!

숙소에 돌아와 런던 패스 안내서를 읽어 보다가 뜻밖의 사실을 발견했다. 윈저성에 가기 위해 교통비를 따로 들이지 않아도 된다는 것을 알게 된 것이다. 파리 패스나 로마 패스처럼 런던에도 주요 유적지나 유명 관광지를 무료로 드나들 수 있는 '런던 패스'가 있다. 런던 패스가 있으면 해머스미스역에서 윈저성에 가는 기차도 무료, 윈저성도 무료로 입장할 수 있었다. 서울에서 출발하기 전에 런던 패스를 할인해서 사 놓고도 런던에 도착할 때까지 그 내용을 제대로 숙지하지 못하고 있었다니, 참! 뜻밖의 횡재라도 한 것 같아 기분이 좋아졌다.

그뿐이던가? 영국에 도착한 이후 내내 화창하던 날씨가 윈저성으로 가는 동안에는 비를 뿌리더니 열차에서 내릴 때쯤에는 그치었다. 운도 좋지. 교통비 절약한 돈으로 윈저성이 잘 보이는 레스토랑에 앉아 영국에 오면 꼭 먹어 봐야 한다는 애프터눈 티로 점심을 가름했다. 또 대박!

윈저성에 가려다 버스를 놓치는 바람에 일정을 바꾸었고 그 덕분에 버킹엄궁 앞에서 런던마라톤 골인 장면을 볼 수 있었다. 이야말로 전화위복 아닌가? 게다가 교통비까지 절약했으니 운이 나쁜 날이 아니라 행운이 겹치고 겹친 기분 좋은 날이었다.

(2018. 5 .18.)

홀로코스트,
인간을 돌아보게 하는 곳

베를린 브란덴부르크 문에서 걸어서 10분쯤 되는 곳에 커다란 사각형 콘크리트로 질서 정연하게 만든 숲이 있다. 콘크리트는 다양한 방법으로 놓여 있다. 가로로, 세로로 어떤 것은 눕혀져 있기도 하고 세워져 있기도 했다. 어떻게 놓여 있든 일렬로 줄지어 있는 모습이 아름답기까지 했다.

콘크리트 숲에는 사람들의 발길이 끊이지 않았지만 웃음소리는커녕 숨소리조차 들리지 않는 적막함이 지배하고 있었다. 나치에 의해 학살된 유대인들을 추모하기 위해 만든 홀로코스트 기념관이다. 기념관에 들기 전에 잠시 동안 콘크리트 사이를 걸었다. 단단한 콘크리트 사이를 걷는 줄로만 알았는데 까닭 없이 가슴이 먹먹하고 머리는 텅 비워지는 것 같았다. 짧은 시간 동안 사람과 삶을 생각했던 모양이다.

이곳을 방문하던 날은 매우 쌀쌀하고 비도 흩뿌리고 있었다. 잔뜩 몸을 움츠리며 지하에 있는 기념관 입장을 기다리다 한 떼의 초등학생들을 발견했다. 그들도 입장을 기다리고 있었다. 기특하게도 추운 날씨와 기다림에서 오는 지루함에도 칭얼대는 녀석은 한 명도 없었다. 그 아이들을 보며 우리 초등학생들은 어떤 태도를 보일까 하는 생각을 해봤다. 입장을 기다리는 사람들 가운데 가장 많은 사람은 청소년들이었다. 초등학생 때부터 받은 교육의 영향이었을까? 그들의 표정은 엄숙하기만 했다.

지하에 마련된 전시관은 사람들로 가득했어도 소란스러움은 전혀 없었다. 오직 침묵만이 존재했다. 수없이 많은 안타까운 사연에 말을 잃은 탓이다. 그 가운데 Room of Names 가 있다. 나치에게 학살된 유대인 600만 명의 이름을 하나하나 불러주는 방이다. 커다란 방의 벽면에는 희생된 사람들의 이름이 비치고 스피커를 통해서 낮고 느린 음성으로 이름이 불리고 있었다. 이름을 모두 부르는데 6년 7개월 하고도 27일이 걸린다고 한다.

처음에는 영문을 몰라 당혹스러웠던 방이었지만 내용을 알고 나니 저절로 숙연해진다. 누군지 모르는 사람들의 이름을 듣고 나니 김춘수 시인의 「꽃」 한 대목이 불현듯 머리에 떠올랐다.

내가 그의 이름을 불러주었을 때
그는 나에게로 와서
꽃이 되었다

인간이 인간이기를 포기했던 그 시간은, 그런 광기는 절대로 되돌아오지 않기를 간절히 바란다.

(2019. 6. 25.)

피안의 세계로

7월의 파리 하늘이 마치 가을비가 내리는 서울 하늘처럼 우중충했다. 생 쉴피스 성당에 가기 위해 숙소를 나섰다. 파리에서 노트르담 대성당 다음으로 크고 세계 최대 규모의 파이프 오르간이 있으며 소설 『다빈치 코드』의 배경이 된 성당이다. 구글 지도를 켜고 골목을 이리저리 헤매며 어렵게 찾아갔다. 나중에 보니 파리 시민들이 가장 사랑하는 공원인 룩셈부르크 공원에서 멀지 않은 곳이었다. 알면 쉬운 길인 것을 몰라서 헤맨 것이다. 성당 앞에 가니 마침 신부님이 밖에 나와 망자의 관을 영접하여 안으로 들어가는 모습이 보였다. 장례식이 준비되고 있었던 것이다.

성당 내부에 있는 파이프 오르간. 세계 최대라는 말에 호기심을 느끼고 살펴보고 있을 때 갑자기 연주가 시작되었다. 장례식이 시작된 것이다. 뜻하지 않게 멋진 연주를 듣는 시간이기도 했다. 장례식에는 가까운 친지들만 모인 듯 20여 명이 엄숙하게 의식을 치르고 있어 북적거리는 우리나라 장례식과 대조를 이루었다. 그들의 장례식이 궁금했지만 이방인이 기웃거리는 게 예의가 아닌 듯하여 가까이 가지는 않았다. 고인을 기억하는 사람들만이 모여 경건하게 치러지는 장례미사를 보며 삶이, 그리고 죽음이 무엇일까 하는 생각을 잠시 해봤다.

삶에서 죽음으로 넘어간 사람을 보고 나니 문득 파리의 유명한 공동묘지가 생각났다. 몽마르트르, 몽파르나스 그리고 페르 라쉐즈다. 성당에서 장례미사를 지켜보다 그들이 묻히는 곳은 어떻게 생겼을까 하는 궁금증이 생겨 유명 인사들이 많이 묻힌 페르 라쉐즈에 가보기로 했다. 쉴피스 성당에서 페르 라쉐즈로 가려면 바스티유 광장과 그 옆에 있는 재래시장을 지나야 했다. 비록 장례식에 대한 호기심은 충족했지만 죽은 사람이 세상과 이별하는 광경을 보며 우울해졌다. 망자들의 세상을 구경하기 전에 산 사람의 세계를 먼저 돌아보려고 바스티유 재래시장으로 갔다.

바스티유 시장에 가기 위해 지나쳐야 하는 바스티유 광장. 1789년 7월 14일, 성난 군중이 바스티유 감옥을 향해 몰려가면서 역사적인 프랑스 혁명의 불길이 타오르기 시작한 곳이다. 프랑스 혁명기에 감옥은 철거되어 지금은 광장만 남았고 그 광장 한가운데에 52m 높이의 기념탑이 세워져 있다.

역시 사람 사는 동네가 우리에게는 친숙한 모양이다. 시장이 만들어내는 왁자한 분위기에 휩쓸리니 가라앉은 기분이 살아나는 듯했다. 어느 나라 사람인지 세 명의 남녀가 크레페를 사 먹으며 즐거워하는 모습이 보였다. 잠시 후 그들의 일행들이 합류하여 10여 명의 남녀가 시끌벅적하게 음식을 먹으며 시장 분위기를 돋우었다. 이곳에서 거리 음식으로 점심을 해결하고 페르 라쉐즈로 향했다.

이곳에 오는 사람은 누구나 찾는다는 오스카 와일드의 묘. 수많은 참배객이 오스카 와일드의 묘비에 키스 마크를 남기자 묘비 관리의 어려움 때문에 묘비에 키스하지 못하도록 유리로 벽을 만들어 놓았다고 한다. 그런데도 키스를 하는 사람들이 많아 키스 마크를 남기다 걸리면 거액의 벌금을 내야 한다는 경고문이 붙어 있다. 에디트 피아프. 그녀의 무덤은 수많은 팬이 가져다 놓은 꽃으로 둘러싸여 있었다. 그녀에 대한 참배를 끝내고 모딜리아니 묘를 찾고 있을 때 20대로 보이는 유럽 젊은이들이 에디트 피아프 묘지가 어디 있는지 아느냐고 물어왔다. 젊은 친구들이 그녀를 기억하고 찾아온 것이다. 쇼팽 역시 많은 사람의 사랑을 받는 듯했다. 그의 무덤도 꽃으로 둘러싸인 가운데 참배객이 끊이지 않았다.

애초에는 생 시몬, 짐 모리슨 그리고 이브 몽탕도 찾아보고 싶었는데 너무 많은 시간이 걸려 포기했다. 묘역은 여러 개의 구역으로 구분되어 있었는데 그 사이에 나 있는 길들도 근사했다. 이런 곳에서 영면에 든다면, 그리고 그를 기억하는 사람들이 잊지 않고 찾아 준다면 그것만으로도 그의 삶은 헛되지 않았다고 할 수 있겠지?

중국 최초의 여황제였던 측천무후는 세상을 떠날 무렵 자신이 이룩한 업적이 너무 많아 비석 하나에는 다 기록할 수 없을 테니 아무것도 새기지 말고 비워 두라는 유언을 남겼다. 유명한 무자비(無字碑)다. 우리나라 최초의 여 대통령은 세상을 떠난 뒤 비석에 무슨 말을 남기고 싶을까? 에디트 피아프처럼 시대나 국가를 초월하여 그녀를 추모하는 사람들이 찾아갈까? 구름이 가득 낀 가을하늘이 가슴을 무겁게 짓누른다.

(2016. 10. 26.)

무지해서 몸이 고생했다

독일에서 하이델베르크 대학에 이어 두 번째로 오래된 대학인 뷔르츠부르크 대학. 마치 공원을 방불케 하는 캠퍼스에 감탄하며 천천히 마인강으로 향했다. 작고 아담한 도시의 아름다움에 취해 걷다 보니 왼쪽으로 케펠 생츄아리가 보이는 다리에 도착했다. 다리 밑으로는 잘 다듬어진 도로가 강을 따라 길게 뻗어 있고 강 건너 언덕에는 위용을 자랑하며 마리엔 베르크 요새가 우뚝 서 있었다. 뷔르츠부르크를 대표하는 관광지의 하나다. 강변도로도 도저히 뿌리칠 수 없는 아름다움으로 발길을 유혹했다.

5월 초였지만 초겨울 날씨처럼 쌀쌀해서 오래 걷기에는 적합하지 않았다. 마인강 변의 작은 커피숍에 들어가 뜨거운 커피를 마시며 잠시 쉬었다. 커피숍의 창밖으로 보이는 마인강과 강 건너의 마리엔 베르크가 멋지게 다가왔다. 시간도 늦고 기온도 낮아 마리엔 베르크는 다음 날 방문하기로 하고 알테마인교에서 발길을 돌렸다. 알테마인교에서 바라본 뷔르츠부르크 시가지는 고풍스러운 건물들로 매력적인 풍경을 만들어 내고 있었다.

다음 날 마르크트 광장으로 갔다. 주변에 뷔르츠부르크 대성당, 노이 뮌스터, 돔 세인트 킬리안, 돔 샤츠, 암 돔 박물관과 성모 성당 등이 몰려 있는 곳이었다. 맨 먼저 노이 뮌스터 교회로 갔다. 분홍색 외관이 아름답고 인상적이었다. 안으로 들어서니 하얀색 벽면에 거대한 천장 프레스코화가 사람을 압도했다. 독일의 알려진 교회 가운데 이런 형식이 많다는 것을 나중에 알았지만 처음 보았을 때는 대단히 인상적이었다.

노이 뮌스터 교회에서 본 감동의 여운이 사라지기 전에 돔 세인트 킬리안으로 향했다. 로마네스크 양식의 성당으로 뷔르츠부르크에서 순교한 선교사 성 킬리안에게 봉헌된 교회이다. 1040년부터 건축이 시작되어 마지막으로 탑이 완성되기까지 약 200년이 소요된 유서 깊은 성당이다. 그 뒤로도 증·

개축을 하면서 고딕, 르네상스 그리고 바로크 양식까지 모두 볼 수 있는 성당으로 독일 건축 예술의 정수로 손꼽힌다. 외부와 마찬가지로 내부도 전체적으로는 로마네스크 양식으로 치장되어 있고 제단이 있는 중앙 부분은 황금빛 제단을 정교한 조각으로 장식한 바로크 양식이었다. 수백 년 동안 짓고 고치다 보니 이런 특이한 건축물이 탄생한 모양이다.

돔 세인트 킬리안 구경을 마치고 뷔르츠부르크 대성당으로 향했다. 뷔르츠부르크가 원래는 주교의 영지로 발전한 도시였기 때문에 주교가 주로 활동하던 성당도 장엄하고 장식도 화려하다고 했기 때문이다. 성당을 나서기 전에 입구에 있는 안내창구로 가서 성당의 위치를 물었다. 그녀는 성당의 위치를 설명하는 대신 성당과 연결된 통로를 가리키며 귀중한 보물이 전시된 곳이니 들러 보라고 했다. 하지만 뷔르츠부르크 대성당을 먼저 보고 싶은 마음에 그녀의 제안을 받아들이지 않았다.

성당 밖으로 나와 근처에 있을 뷔르츠부르크 성당을 찾아 나섰다. 황당했다. 구글 지도를 켜고 따라가다 보면 목적지가 갑자기 사라지거나 제자리로 돌아오는 일이 반복됐기 때문이다. 성당을 찾지 못하게 되자 조금씩 짜증이 나기 시작했다. 뷔르츠부르크 성당 찾기를 중단하고 돔 샤츠를 먼저 방문하기로 했다. 보물 성당이라는 뜻인데 구글 지도에 역시 인근에 있는 것으로 표시되어 있었기 때문이다. 어렵쇼? 뷔르츠부르크 성당을 찾아갈 때와 똑같은 일이 벌어지고 있었다. 걷다 보면 목적지가 사라지거나 제자리로 돌아온 것이다. 인내심이 한계치에 이르기 시작했다. 차라리 안 보고 말지….

마침 젊은 여자가 지나갔다. 그녀에게 구글 지도를 보여주며 뷔르츠부르크 성당이 어디 있는지 물었다. 그녀가 친절하게 손가락으로 방향을 가리킨 곳은 돔 세인트 킬리안이었다. 그곳에는 이미 다녀왔고 우리는 뷔르츠부르크 성당을 찾고 있다고 하자 그녀는 우리가 설명을 못 알아들었다고 생각했는지 따라오라며 앞장섰다. 친절하기도 하지. 그녀가 우리를 데려간 곳은 돔 세인트 킬리안이었다.

뷔르츠부르크 성당, 돔 샤츠를 찾아 헤매다 몸이 지쳐 버렸다. 더구나 독일 여자의 길 안내를 받고 난 후에는 허탈하기까지 했다. 피곤하기도 해서 눈앞에 있는 커피숍으로 들어갔다. 향긋한 커피로 몸과 마음에 위안을 주고 나서 자료를 찾았다. 도대체 뷔르츠부르크 대성당은 무엇이고 돔 샤츠는 또 무엇인지, 어렵더라도 꼭 찾아가야 할 만큼 의미 있는 곳인지 알아보고 싶었기 때문이다.

기가 막혔다. 세 곳이 같은 곳이었다. 돔 세인트 킬리안이

200여 년 동안 지어지면서 뷔르츠부르크 대성당으로도 불리게 됐고, 돔 샤츠는 뷔르츠부르크 대성당 안에 있었다. 같은 곳이라는 사실을 모르고 찾아다니니 구글 지도도 현지 주민도 돔 세인트 킬리안 성당으로 안내했던 건이다. 여행을 떠나기 전에, 아니 최소한 방문하기 전에라도 자료를 제대로 찾아보았더라면 이렇게 허망한 경우를 당하지는 않았을 텐데….

(2019. 8. 25.)

베르사유의 장미

베르사유는 원래 사냥을 좋아하던 루이 13세가 수렵장을 만들고 이곳에 머물기 위해 작은 성을 지은 곳이었다. 그 후 루이 14세가 어마어마한 비용을 들여 궁전을 짓고 1672년 왕궁을 이곳으로 옮기면서 베르사유는 프랑스의 수도로서 정치, 문화, 사교의 중심이 되었다. 그 화려한 명성 때문일까? 프랑스를 여행하는 사람들은 필수코스처럼 이곳을 다녀갔다.

베르사유 궁전과 관련하여 빼놓을 수 없는 것이 프랑스 대혁명과 마리 앙투아네트 왕비일 것이다. 기존의 모든 질서를 부정하고, 탄압받고 무시당해 왔던 사람들이 세상의 중심으로 향하면서 파리 시민들은 사치와 허영에 빠진 무능한 프랑스 왕정을 무너뜨렸다. 그 사치의 상징이 마리 앙투아네트 왕비였다. 그녀는 굶주린 시민들이 "우리에게 먹을 빵을 달라!"고 외치자 "빵이 없으면 비스킷을 먹으면 되지."라는 철없는 소리를 해서 군중들의 분노를 자극했다고 전해지는 여인이기도 하다.

그녀는 당시 유럽을 호령하던 오스트리아 합스부르크 왕가의 공주로 루이 16세와 파리의 콩코드 광장에서 화려하게 결혼식을 올렸다. 결혼 이후 그녀는 베르사유궁에서 매일 파티와 향락을 즐기며 화려한 삶을 살았다고 한다. 그것도 잠시. 파티와 향락에 싫증을 느낀 마리 앙투아네트가 새로운 유희거리로 찾아낸 것이 농사였다. 이를 위해 그랑 트리아농 옆에 프랑스식 농촌 마을인 '왕비의 촌락'을 만들었다. 이곳에서 그녀는 소젖을 짜고 농사를 지으며 파티 대신 새로운 놀이를 즐겼다고 한다.

대혁명이 일어나자 마리 앙투아네트는 루이 16세 및 아들들과 함께 오스트리아로 도망가다 붙잡혀 시테섬에 있는 콩시에르 주리에 갇혔다. 콩시에르 주리는 귀족 등 반혁명 세력들을 가둬두고 재판을 하던 감옥으로 갇혔던 왕족이나 귀족들은 대부분 단두대에서 생을 마감해야 했다. 이곳에는 마리 앙투아네트가 갇히어 있던 방이 재현되어 있다. 죄인이 되었다고는 하지만 한때 프랑스의 왕비였던 여인이 24시간 남자 간수의 감시를 받으며 생활하던 모습을 상상하니 애처로움마저 느껴졌다. 마리 앙투아네트는 결혼식을 올렸던 콩코드 광장의 단두대에서 생을 마감했다.

프랑스 대혁명 때 마리 앙투아네트에게 걸린 죄명은 사치와 허영이 아니었다. '아들과의 근친상간'이었다. 그녀의 강력한 반발에도 혁명세력들은 그녀의 아들을 협박하여 죄를 뒤집어씌우는 데 성공했다. 사실 그녀는 "빵이 없으면 비스킷을 먹으면 되지."라는 철없는 말을 한 적이 없다고 한다. 또한, 그녀는 궁정 예산의 1/10밖에 쓰지 않을 정도로 검소하게 살았다고도 한다. 그뿐이 아니다. 그랑 트리아농에 있던 그녀의 방에서는 농업 서적이 쏟아져 나왔고, 당시 식량 부족으로 고생하던 서민들에게 감자 농사를 장려하기 위해 감자꽃을 늘 모자에 꽂고 다녔다고 한다. 그랬던 그녀의 이미지가 처절하게 왜곡되었다. 로베스피에르 등 혁명 주체세력이 군중들을 선동하기 위한 수단으로 마리 앙투아네트를 이용했기 때문이다.

그녀의 이미지를 왜곡시킨 게 혁명 세력뿐이었을까? 1815년 2월 나폴레옹이 유배됐던 엘바섬에서 탈출하자 당시 프랑스 유력지는 나폴레옹에게 살인마라고 호칭했다. 하지만 "총

한 방 쏘지 않고 파리로 간다."라는 나폴레옹의 호언대로 많은 병사가 합세하자 언론은 그를 폭군이라고 표현했다. 그가 파리에 도착하자 언론은 '황제 폐하 파리 입성'이라는 타이틀로 표현을 바꿨다. 그들도 마리 앙투아네트의 이미지를 왜곡하는데 한몫하지 않았을까? 최근 그녀에 관한 연구가 활발하게 이루어지고 있다고 하니 그나마 다행이다. 죽을 때 뒤집어쓴 '아들과 근친상간한 못된 어미'라는 불명예는 벗었으니 말이다.

파란만장한 생을 마감한 마리 앙투아네트는 일본 만화가에 의해 「베르사유의 장미」로 환생했다. 떨어진 장미가 다시 본래의 장미로 되돌아간 셈이다. 하지만 다시 핀 장미가 그때 그 장미와 같을까?

나라 사정이 어지럽다. 진실과 유언비어가 뒤엉켜 정확한 사실을 알기도 어렵다. 정확한 사실을 알기 위해서 파헤칠 것은 철저하게 파헤쳐야 한다. 그 과정에서 불순한 선동이 끼어들어서는 곤란하다. 진실을 바탕으로 목적에 부합하는 해법이 도출되어야 한다. 우리는 베르사유의 장미를 원하지 않는다.

(2016. 11. 29.)

거짓 그리고 의심

여행은 새로운 곳을 찾아간다는 설렘과 익숙한 곳을 벗어난다는 불안함이 엇갈리는 교차로다. 설렘을 안고 방콕의 수완나품 공항에 도착한 것은 월요일 오후 1시쯤이었다. 악명 높은 출퇴근 시간의 교통체증을 피할 수 있는 시간대여서 호텔까지 택시를 이용하기로 했다. 택시요금이 300밧(원화 약 10,000원)을 넘지 않는다는 인터넷 정보도 한몫했다.

공항을 빠져나와 고속도로에 올라선 택시는 거침없는 질주를 시작했다. 차창 너머로 빠르게 지나가는 낯선 풍경을 느긋하게 즐기는데 기사가 50밧을 달라고 했다. 통행료였다. 잠시 후 다시 25밧을 달란다. 역시 통행료였다. 돈을 건네주다 택시미터기를 봤다. 호텔까지 제법 거리가 남은 것 같은데 300밧을 넘어가고 있었다. '많은 기사가 미터기 조작을 한다더니 이 사람도 그런 부류인가?' 하며 의심하고 있는데 기사가 앓는 소리를 했다. 최근에 차를 새로 샀는데 매달 내야 하는 할부금이 20,000밧(한화 약 70만 원)이나 된다며 요금의 10%쯤을 팁으로 줄 수 없느냐는 것이다. 호텔에 도착했을 때 미터기에는 거의 500밧이 표시되어 있었다. 어처구니가 없어 기사의 간절한 눈빛을 매몰차게 외면했다. 사라져가는 택시를 따라 여행도 설렘에서 불안으로 방향을 바꾸고 있었다.

왕궁 관람을 마치고 세계 최대의 명상센터인 왓 마하탓으로 가던 날이었다. 오후 2시쯤 근처에 도착하여 두리번거리자 미모의 여인이 다가와 왓 마하탓은 이미 문을 닫았다며 왓 아룬(새벽사원)으로 갈 것을 권유했다. 그토록 이른 시간에 문을 닫았다는 것이 이해가 되지 않아 주변을 살피다 '왓 마하탓 4번 Gate'라고 쓰인 안내판을 발견했다. 그 밑에 있는 출입문은 활짝 열려 있었다. 무슨 말인가를 더 하려는 여인을 냉정하게 뿌리치고 4번 Gate로 들어섰다. 왓 마하탓을 둘러보고 반대편으로 나왔더니 잘 관리된 동상이 있었다. 누구를 기리는 것인지 살펴보려고 다가가자 갑자기 인도 사람으로 보이는 남자가 나타났다. 그는 우리가 왕궁을 찾는 것으로 지레짐작하고 이미 문을 닫았다며 왓 아룬으로 가라고 권유했다. 이들은 외국인들에게 바가지 관광을 시키려는 사기꾼(?)들이었다. 후덥지근한 날씨에 불쾌한 일을 연거푸 겪다 보니 짜증이 나서 들은 척도 안 하고 호텔로 돌아왔다. 마침 벨보이가 손님을 위해 택시를 잡아주는 모습이 보였다. 그에게 공항까지 택시요금이 얼마나 나오는지 물었더니 대략 500밧 정도란다. 거듭 물어도 그의 대답은 변함이 없었다. 맙소사! 공항에서 호텔까지 태워준 선량한 기사를 미터기 조작이나 하는 파렴치범으로 오해했다는 말이 아닌가?

10월 13일. 시리랏 병원으로 향했다. 샴쌍둥이 등 희귀한 해부학 자료들이 전시된 의학박물관을 관람하기 위해서였다. 병원에 도착하니 대부분 사람이 노란색 티셔츠를 입고 있었다. 병원 유니폼치고는 희한하다는 생각을 하며 박물관으로 가니 휴관이었다. 허탈하게 돌아서며 차오프라야강 맞은편에 있는 국립박물관으로 발길을 돌렸다. 그 주변도 노란색 물결로 가득했다. 필시 곡절이 있을 거라는 생각에 박물관 입장권을 사며 이유를 물었다. 푸미폰 국왕(라마 9세) 서거 2주기를 맞아 대부분의 태국 사람들이 왕실을 상징하는 노란색 상의를 입고 그를 추모하는 것이란다. 태국에 있는 대부분 대형병원은 왕실에서 건립했는데 시리랏 의학박물관이 휴관한 것도 푸미폰 국왕을 추모해서 그렇다는 것이다.

말을 마치며 박물관 직원은 도시락 2개를 내밀었다. 기일을 맞이하여 왕실(?)에서 도시락을 나눠줬는데 자기들이 먹으려고 받아두었던 것이란다. 방콕이 '천사의 도시' 혹은 '기쁨의 도시'라는 뜻이라더니 역시 '방콕'이었다. 도시락에는 흰 쌀밥과 소고기 조림이 담겨 있었다. 밥이 따뜻하다고 느낀 것은 착각이었을까? 첫 번째 젓가락으로 밥을 뜨며 500밧을 먹었다. 두 번째 젓가락으로는 300밧을 넘겼다. 곁들여 나온 쇠고기를 씹으며 '거짓 정보 때문에 품었던 의심'을 삼켰다.

서울로 돌아오는 날. 호텔을 출발하면서 택시기사는 미터기를 켜지 말고 고속도로 통행료를 포함해서 500밧에 가자고 제안했다. 호의(?)를 거절하고 공항에 도착했을 때 미터기에는 297밧이 찍혀 있었다. (2018. 11. 10.)

백제 사랑과 투철한 역사의식 그리고 인간애

- 수필집 『좋다 말았네』를 중심으로 -

오경자
(국제PEN한국본부 부이사장, 한국수필문학가협회장)

수필은 자신이 겪은 일들 속에서 글감을 찾아 쓰는 글이다. 체험을 쓰는 것이라고도 하고 신변의 일들을 쓰는 것이라고도 하지만 모두 그 일 자체의 기록을 열심히 쓰는데 그치고 마는 한계에 그치는 경우가 많다. 극적인 회고는 감동을 줄 수 있지만 다 읽고 난 후 그래서 어쨌다는 것인가? 라는 의문만 남긴다면 독자는 허탈해진다. 또 주변의 사물을 자세히 관찰해서 쓰는 것으로 그치는 경우는 기록문에 불과한 한계에 부딪치게 되기 쉽다. 이것이 수필 쓰기가 빠지기 쉬운 함정이다.

수필가 이제홍은 이 두 경우 모두를 잘 극복하고 주제가 뚜렷한 수필을 쓰는 작가이다. 그리고 수필의 중요한 요소인 유머가 그의 수필에서는 어느 작품에서도 만날 수 있는 것이 특징이다. 무거운 주제를 다룰 때도 적재적소에 유머로 그 맛을 더 잘 살려내고 있다. 수필의 속성상 고향 사랑 가족사랑 등이 대부분의 수필들에서 발견되기 마련이지만 이제홍은 그의 고향 부여사랑에 그치지 않고 그의 마음 아주 깊은 곳에서는 백제 사랑이라는 샘이 솟아나고 있는 그런 작가이다.

그의 수필 「우여」는 봄철이면 어김없이 외지에 나간 옛 친구까지 불러 모아 우여 매운탕 한 그릇 먹고 가라는 친구에 대한 회고인 것 같지만 실은 의자왕에 대한 애틋한 연민과 백제 사랑이 가득 담긴 글이다. 그리고 역사적 사실과 전설들을 잘 소개하면서 그 저변에 자신의 역사의식을 소신 있게 쓰고 있다. 그 소신을 씀에 있어 작가는 자기의 주장을 강조하거나 설득하려 하지 않는다. 오히려 독자에게 그랬을까? 그럴 수 있을까? 등의 의문을 남겨 주는 필법으로 독자의 고개를 끄덕이게 만들며 깊은 울림을 주는데 성공하고 있다.

수필이 정보를 주는 글임도 잘 알 수 있는 수필이다. 한국인의 밥상에 소개되는 웅어에서 실마리를 풀어가기 시작하는 서두 부분도 주목할 만한 구성이다. 웅어가 우여로 불리게 된 사연까지를 쓰는 동안 자연스럽게 백제의 패망사를 밀도 있게 그려내고 의자왕의 진면목을 유감없이 전달하고 있다.

금강 하구둑이 생기기 전에는 금강에도 웅어가 지천이었다. 웅어 초무침, 웅어 젓갈 등이 이 지역 명물로 자리 할 만큼 웅어의 인기는 대단했었다. 하지만 금강 하구둑이 생기고 나서는 잡히는 웅어가 절반 이하로 줄어들어 아쉬워하는 목소리가 높아만 간다. 이 웅어를 부여에서는 우여라고 부른다.

백제의 마지막 임금인 의자왕은 평소 웅어를 보양식으로 먹었다고 한다. 나당 연합군이 백제를 공격할 당시 당나라 장수 소정방이 이 말을 듣고 어부에게 이 물고기를 잡아 오라고 명하였는데 그 많던 백마강 웅어가 모조리 강바닥으로 자취를 감춰 한 마리도 잡을 수 없었다고 한다.

백제가 멸망하고 의자왕을 위시하여 귀족과 백성 1만 3천여 명이 포로가 되어 당나라로 압송되어 갈 때 백마강 하류에 있는 유왕산에 백제의 백성들이 발 디딜 틈도 없을 만큼 모여들었다. 그들은 잡혀가는 의자왕에게 눈물로 안녕을 고하며 배가 보이지 않을 때까지 통곡하였다고 하는데 이때 웅어들도 의자왕이 탄 배의 뱃전에 스스로 몸을 부딪쳐 죽었다고 한다. 이때부터 웅어에게 '의리를 아는 물고기'라는 의미로 '의어(義魚)'라는 이름을 붙여 주었는데 의어라는 말이 세월이 지나면서 우여가 되었다고 한다.

–「우여」 중에서

이제홍은 매사를 긍정적으로 보고 결과에 대해 연연하지 않는 성격을 글에 그대로 드러내고 있다. 그것이 특유의 자연스런 유머를 슬슬 풀어내는 재주의 원천인지도 모르겠다. 유머라고 하면 우스개 이야기를 삽입하는 것으로 생각하기 쉬운데 그렇지 않다. 전편에 흐르는 맥을 따라 웃음이 번져 나는 자연스러운 것이어야 수필 속의 유머로서는 제격이고 품위를 지켜야 하며 그 유머 속에 뼈가 있어야 한다. 그 뼈가 주제와 연결되면 금상첨화가 된다. 「좋다 말았네」, 「소박 맞았습니다」, 「변신 끝 아니면 변화의 시작?」 등은 주제와 연결되는 유머의 정수라 할 만하다. 이 작품들은 유머뿐 아니라 극적인 반전을 능란하게 구사하고 있어 독자에게 긴장과 허탈을 동시에 안겨 줌으로써 읽는 재미를 만끽하게 하는 작품들이다.

일각이 여삼추라는 말은 바로 이런 때 쓰는 모양이다. 한 정거장을 가는 시간이 억겁이라도 되는 것처럼 길게 느껴졌다. 마침내 열차가 다음 역에 접근하기 시작했다. 그녀는 내게서 시선을 거두기는커녕 아예 간절한 표정을 지었다. 그뿐만이 아니었다. 무슨 말을 하려는 것처럼 입을 달싹거리기도 했다. 그녀의 애타는 마음에 반응하려는 입을 힘겹게 억누르며 속으로 말했다. '아무리 내가 매력적이어도 이처럼 혼잡한 곳에서 그런 눈으로 날 보면 당혹스럽잖아, 기다려, 곧 역에 도착하니 내려서 이야기 하자구!' 마침내 열차가 역에 도착하고 문이 열리자 사람들이 우르르 내렸다. 그때 그녀가 조심스럽게 말했다. "아저씨, 발…" 무슨 말인지 몰라 멀뚱멀뚱하게 바라보자 그녀는 조금 더 용기를 내서, "아저씨, 발 좀 치워주세요."라고 했다. 그 말을 듣고 아래를 보니 그녀의 백팩에서 바닥으로 늘어진 끈을 밟고 있는 내 발이 보였다. 내가 끈을 밟고 있어서 내내 불편했던 모양이다. "미안해요!" 하며 부리나케 발을 옮기자 그녀는 열차에서 홀연히 사라졌다.

-「좋다 말았네」 중에서

아내의 권유로 미장원에서 머리를 자르고 파마까지 하게 된 과정을 사경적으로 보여 주는데 사경적으로 표현한 글이 또 다른 유머를 보여 준다.

"어머 파마가 잘 나왔네요!" 하고 미용사가 호들갑을 떤다. "그래요? 그럼 이번에는 염색해 볼까요?" 하고 농담 반 진담 반으로 대답하니 미용사가 반색하며 말했다.

"어떤 색으로 해 드릴까요?"

"글쎄요… 밝은 갈색으로 할까?"

"그 색은 너무 튀어요."

"이왕 하는 거 눈에 띄는 게 낫지 않을까요? 그럼 밝은 블론디?"

"제 머리 색깔이 짙은 갈색인데 이 색은 어떠세요?"

"너무 평범해요. 아예 빨간색으로 할까?"

"…"

미용사의 얼굴에 황당해하는 표정이 떠올랐다.

"쉽게 결정할 일이 아닌가 보네, 오늘은 커트만 해 주세요."

미용실을 나오며 곰곰이 생각해 봤다. 밝은색은 나한테 안 어울리나? 아예 녹색이나 청색으로 해 버릴까?

-「변신 끝? 아니면 변화의 시작?」 중에서

이제홍은 가족 간의 사랑과 친구 간의 우정을 표현함에 있어서 천착하지 않고 아주 담담히 써 내려가지만 그 안에 깊은 인간애가 흐르고 있다. 치매가 시작된 노모와의 동행, 나들이 등에서 투박한 듯한 대화를 툭툭 주고받는 대목에서는 오히려 가슴 깊은 곳에서 뜨거운 눈물이 솟아오름을 느낄 수 있다. 아내와의 속정 깊은 대화도 대수롭지 않게 이어가는 것이 그의 표현법이다. 「흔적」에서는 옛집을 둘러보며 아버지를 회고하는 작가의 마음을 행간에서 읽는 독자의 몫이 있어 더 좋다.

이모작 인생을 사는 이야기를 아주 담담하게 표현하고 있는 점도 돋보인다 하겠다. 친구와의 이야기도 솔직하고 간결하게 써 내려가고 있다. 의인화해서 쓴 「우직하기는」에서 그 녀석은 바로 자신을 말하고 있음을 상상하는 독자도 있을 것이다. 실수도 솔직하게 인정하고 신발을 의인화함으로써 그 안에 바로 인생이 있고 그 우직함이 바로 작가 자신이기도 하고 그렇게 방치한 것이 작가 자신이기도 하다. 이럴 때 어떻게 해석하느냐가 독자에게 주어지는 여백의 몫이어서 더욱 좋다.

그는 역사유적지를 걷고 올레길을 걷고 세계의 길들을 걷는다. 그는 해외여행을 쓰되 여행안내 책자처럼 쓰기를 거부한다. 독특하게 역사와 문화를 중점으로 하면서 그 안에 철저히 자기만의 색깔로 문화를 투시한다. 그 안에 그의 주제가 꼿꼿이 서 있다.

이제홍은 주변의 모든 이에게 깊은 인간애를 갖고 있는 작가이며 그의 글 전편에 그 인간애가 바탕으로 깔려있다. 수필의 묘미를 알게 해 주는 맛깔스런 수필을 빚어내는 이제홍의 수필이 독자를 즐겁게 해 줄 것이다.

이제홍 수필집
좋다 말았네!

2020년 12월 20일 초판 인쇄
2020년 12월 25일 초판 발행

지은이 / 이제홍

발행인 / 강병욱
발행처 / 도서출판 교음사
편 집 / 隨筆文學社 出版部

03147 서울 종로구 삼일대로 457 수운회관 1308호
Tel (02) 737-7081, 739-7879(Fax)
e-mail : gyoeum@daum.net
등록 / 제2007-000052호

* 잘못된 책은 바꿔 드립니다. 값 12,000 원

ISBN 978-89-7814-814-6 03810

이 도서의 국립중앙도서관 출판예정도서목록(CIP)은 서지정보유통지원시스템 홈페이지(http://seoji.nl.go.kr)와 국가자료공동목록시스템(http://www.nl.go.kr/kolisnet)에서 이용하실 수 있습니다. (CIP제어번호 : CIP2020055062)